# 上流教養

## 當紐約豪門家教遇上第五大道的佛洛伊德

I Left My Homework in the Hamptons

What I Learned Teaching the Children of the One Percent

布萊絲・葛羅斯伯格

Blythe Grossberg

謝靜雯——譯

# 各界推薦

身為女性知識工作者，「成為媽媽」是我豐富奇異的旅程，畢竟母職看似跟知識工作相斥，但又跟社會科學息息相關。尤其是加入媽媽社團、創辦親子讀書會、加入LINE匿名教養群組的經驗，讓我眼界大開。生小孩不難，難的是「教」和「養」。教養的焦慮，中外皆然。基於「往上爬」的普遍人性，豪門祕辛總是比「關懷弱勢」更能吸引眼球。人類學幾年前興起「上流社會之都市民族誌」風潮，本書一方面呼應社會普遍存在的教養焦慮，一方面也滿足了大家對於紐約上流社會的好奇心。我們也曾考慮在美國生兒育女，因此打探過美國教養的種種細節，書中情節因此令我感到萬分熟悉。私立中小學一年五萬美元的學費只是基本門檻，真正的門檻是學費以外的競爭。幼兒園入學不但要面試，還得張羅諾貝爾獎得主具名的推薦函；入學後要面臨激烈的學業競爭，高一課程等同於大學程度，教師都是長春藤盟校博士，成績不好的學生只好晚上繼續找博士級的家教惡補到半夜。連體育也是競爭項目，體育的國手身分也是這些菁英必須增添的履歷。這本書其實也很有資訊性，不只是單純地販賣焦慮。書中如實呈現了美國社會的階級切面，有助於讀者了解美國收入前百分之一的族群。

——劉玉晳（世新大學傳播管理學系助理教授）

《上流教養》有如韓劇《天空之城》真人版，富豪父母將親職外包，在女兒哭泣時叫家教陪她；不擇手段追逐成就，只要名列前茅，兒子賣大麻，父親也無所謂；找一群頂尖家教，作弊把兒女送進名校……這群孤兒的精神處境，無異極權國家體育選手：吃禁藥求勝、瘋狂的練習量導致運動傷害，輸了回國全家都會被勞改。精彩刻劃出父母病態自戀對兒女的深沉傷害。

——盧郁佳（作家）

葛羅斯伯格在這本生動有趣但充滿同情的敘事裡，揉合了回憶錄、心理學和真相的揭露……這本細膩的記事，讓常以誇張手法呈現的世界充滿了人性。

——《出版人週刊》（*Publishers Weekly*）

對為人父母者財富和權勢的近距離審視，發人深省。

——《柯克斯書評》（*Kirkus Reviews*）

葛羅斯伯格以慈悲和幽默的文筆，細數了菁英不計金錢（或情感）成本試圖將孩子送向頂端的種種激烈手段。儘管這種生活風格外表閃亮耀眼，但葛羅斯伯格探索到的卻是他們的不安全感、痛苦、家庭失能的弱點。

——《城市與鄉村》雜誌（*Town & Country Magazine*）

葛羅斯伯格身為自閉症孩子的家長，描述自己面對掙扎時的心情，最為犀利動人……這層體驗讓她更能理解（不見得需要接受）——父母為了確保孩子能獲得保障與成功，願意付出多少代價。

——《東漢普頓之星》週報（*The East Hampton Star*）

葛羅斯伯格這本迷人的作品，讓人難得一窺紐約富豪孩子在學校的掙扎，《大亨小傳》不僅僅是他們的讀物，同時他們也身在其中。

——作家喬丹・艾倫伯格（Jordan Ellenberg），著有《數學教你不犯錯》（*How Not to be Wrong*）和《形狀》（*Shape*）

布萊絲・葛羅斯伯格這本啟迪人心的回憶錄，引人入勝，她打從肺腑回顧了為紐約首富孩子擔任家教的時光。以清晰且慈悲的角度，透過許多範例闡明，在這些家庭鍍金的社媒形象表面之下，實情複雜得多，往往牽涉到家庭失能、寂寞和心碎。就像所有最好的回憶錄作品，葛羅斯伯格扣人心弦的故事不僅止於獨特且個人，更包含能夠引起所有讀者共鳴的元素。高度推薦！

——作家珍・希利（Jane Healey），
著有《波士頓女孩》（*The Beantown Girls*，暫譯）

一本關於菁英學校和學生的迷人書籍——富人面對的競爭和壓力、過多財富和過少歡樂所帶來的負面影響——透過年輕孩子的故事敘說，作品討喜迷人，才華洋溢、充滿同理心。結合了部分的回憶錄、部分對富人的社會學研究、部分美國教育的論文……百分百引人入勝。儘管學生有其獨特性，但本書提出的問題具有普遍性。多少才算「超過」？我們為什麼要求學生熟練他們年紀還無法做到的事？富人的教育如何加重階級、種族及平等問題，使其更難找到廣泛的解決方案？本書讓人不忍釋卷。

——哈佛醫學院助理教授艾倫・布拉頓博士（Ellen Braaten, PhD），
著有《進度落後的聰明孩子》（*Bright Kids Who Can't Keep Up*，暫譯）

獻給 J.D. 以及 T.D.

# 目錄
CONTENTS


各界推薦 002
作者的話 010
1 第五大道的大門開了 011
2 圓餅圖 051
3 創造和諧 080
4 溫室裡的花朵 112
5 第五大道的佛洛伊德 142

6 遺失的報告 165
7 被偷走的時刻 188
8 新大學的嘗試 200
9 公民權 239
10 再會，親愛的 254
致謝 266
參考資料 268

# 作者的話

關於本書角色的小記：這些角色根據的是我近二十年來在紐約市和幾千名學生共事的經歷。為了保護書中人物的身分和隱私，我更動了姓名和可供辨識的細節，創造出拼貼合成的角色。這本書帶有回憶錄的元素，反映了我在當前對過去經驗的回顧。有些事件經過壓縮，有些對話經過重塑。我試圖精確呈現我所描繪的世界。人類的記憶並不完美，但我意在對角色提出忠實且人性化的描繪，尤其是位居本書核心的孩子。

# 1 第五大道的大門開了

我認識頭一個家教學生蘇菲時——那年她十五歲，正翩翩走下鋪著白地毯的氣派螺旋樓梯。這間位於公園大道的雙層公寓採白色裝潢色調，從沙發到粗毛地毯，到在她腳邊狺狺狂吠的迷你貴賓狗。她撈起其中一條狗要牠安靜時，私立學校制服短裙隨之翻飛。她伸手扭了扭牠小小腦袋上的蝴蝶結。當我們上樓要進行寫作課時，她的兩位菲律賓裔女管家，還問我們要吃些什麼或喝些什麼。

她的房間裡，粉紅格子床罩呼應著書桌椅子的布料，其他一切雪白無瑕，完全沒有青少年房間慣有的雜亂。她將課本整齊有序疊好，而那是唯一可見的雜物。連她的液晶電視都儲放在木頭落地櫃裡。唯一打亂空間裡白色和粉紅色系的事物，只有她蒐集的法國名瓷利摩日（Limoges）瓷盒，也全部互以直角仔細排好。她跟父親在漢普頓高爾夫聯賽的合照，裝在水晶相框裡。只有在她打開書桌上方的嵌入式櫥櫃時，才看得到大部分青少年房間會有的雜誌剪貼及朋友的照片——妝化得太濃，衣著講究，一身名牌洋裝搭高跟鞋。

她拿出《大亨小傳》，說起她的作業：撰寫一篇文章，談談蓋茲比是否實現了美國夢。她的兩條白狗又開始汪汪叫，最後，其中一個菲律賓女人過來要牠們安靜，並且抱了牠們下樓去。

她說：「我打算說蓋茲比**沒有**實現美國夢，因為我的老師就是那樣想。」她停頓片刻，緊張地舔舔嘴唇。「除非妳覺得我應該寫別的。」

我們來來回回思索各種構想，我可以察覺，我認為這個題目沒有絕對正確的答案，這點讓她很緊張。反之，我請她在文本裡找出支持自己論點的段落，證明蓋茲比並未實現美國夢。她機械式翻著書頁，指甲上塗的亮片指甲油，有一半已經被她摳掉了。她讀了以下段落，關於蓋茲比喧鬧奢華的派對：

「『每週五，紐約的水果商會送五箱柳橙和檸檬過來——每週一，同樣的那些柳橙和檸檬會變成切半無肉的果皮，高高地堆成金字塔，從他的後門離開。』」

她準備往下讀，但我請她放慢速度，想想這個景象。她說：「我爸媽的廚房在派對後也是那個樣子，所有的檸檬皮都擺在吧台旁邊。在長長的夜晚過後，我媽看起來就像榨乾的檸檬。」她意識到派對客人蹂躪蓋茲比的房子，就像夏天派對賓客定期破壞她父母在漢普頓（Hampton）[①]的家，結果令人無力又失望。她似乎能夠理解那個段落，並且跟個人經驗產生連結。

她按響書桌旁牆壁上的對講機，要女傭送些綠茶上來，幾分鐘內，茶就送來了，以瓷杯和瓷盤盛裝，杯緣放了搖晃的檸檬薄片。我們終於擬出了大綱，我想她表現得還不錯，提出了可論辯的命題，並且從文本裡整理出證據。我離開的時候，她勉強露出了淡淡的笑容。

「還是說蓋茲比**實現**了夢想呢？」她大聲說出疑問。

我離開時興高采烈。這次的經驗令人陶醉——綠茶、白狗、拿錢討論蓋茲比。我做夢也想不到，累積多年的閱讀、在公立高中因為熱愛詩詞被人嘲笑，最後會帶來有利可圖又能實現抱負的工作機會。

我到蘇菲家的經過相當迂迴。攻讀心理學博士學位時，我遇到兩個重大問題。比較簡單的一個是，在我認為佛洛伊德跟當代現實脫節以後，我摒棄佛洛伊德學派，偏好行為學派。比較困難的問題是，要能夠買得起新鞋去取代原本那雙兩邊都有洞的平底鞋，或是請窩在我布魯克林公園坡公寓大廳裡的流浪漢一杯冰咖啡——或者甚至是買杯冰咖啡給自己。要付地鐵車費也很吃力，所以我才用走的，鞋底因此磨出了洞。基本上，我

---

① 譯注：美國東海岸聲名遠播的海濱度假勝地，位於紐約州長島。

發現，我的哈佛學識教育讓我遍覽群書，但並不會主動替我掙來地鐵車費。不過，這是我的錯，因為我為了攻讀心理學，繞過有利可圖的金融工作，而我丈夫也是個長春藤盟校畢業生，成了雜誌編輯。我們簡陋的公寓裡塞滿了書本。不過，我依然相信心理學會解開人類心智的謎團，從利他主義到非理性——而單是探索這些謎團，對我來說，價值已經超過六或七位數美元的收入。

我踏著磨薄的鞋底，踩過紐約的街道時，想了不少事情。我無意間想到要寫一篇以ＡＤＨＤ為主題的論文，等於替自己鋪路，往後可以跟有學習差異和ＡＤＨＤ的學生共事。我在一所提供菁英教育的曼哈頓私立學校找到一份學習專家的工作，專門協助有各種學習差異的學生，年薪五萬四千五百美元，長久以來，我頭一次覺得安心，即使家裡有個新生兒要照顧。經過數年僅供維持生活的收入之後，既然生了孩子，我判定自己需要更穩定的事物。我在紐約住了十年，到目前為止勉強過活，不曾涉足零工經濟。但當我在上東城女子學校教書的朋友問我，能不能幫一個性格甜美但壓力過大的高二生上寫作課，我簡直喜出望外，這種工作要我免費做我都願意。而能夠拿到費用——加上原本的薪水——簡直是極樂世界，幾乎無法想像。在我成長的麻州鄉間，小孩常常要我無償幫忙。

進入那棟公園大道大樓靜謐安全的大廳，等於步入一個承諾了富人的自由、擁有美術館般超然的世界，同時還有著足以讓緊張的十五歲孩子平靜下來的滿足感。我萬萬沒想到，我在研究所如此排斥的佛洛伊德正在我心中蠢蠢欲動，在那些公園大道的大樓裡，有著鮮花百合妝點的寂靜室內，各式各樣的精神官能症正等著上演。

◆

蘇菲在一篇報告拿到她的第一個A之後，成績從平日的B+神奇地扶搖直上，我在布魯克林和曼哈頓的雙層公寓及褐石宅邸裡也變得有點炙手可熱，就像突然風行起來卻還沒被列入Zagat美食評鑑裡的餐廳。後來，我又接了更多家教學生，那些母親把我當成**她們的祕密**，有一位母親發現她女兒對手的母親也找上我時，相當不悅。「可是，是我們發現妳的。」她哀號。

有個名叫麗莎的母親，她是銀行家，平日會到南塔克特（Nantucket）駕帆船，她說「我們現在有布萊絲，我知道我女兒可以平安度過中學了」時，讓我不禁畏縮。她這樣宣布之後，發了電報給女兒，**親愛的，妳需要最好的人選來幫忙，就是有博士學位的家教**。她也寄了以下訊息給女兒：**在每個狀況裡，都有必要花錢購買正確的協助，就像妳會買適合的Dooney & Bourke提包**。這種心態在第五大道上相當普遍，有個學生曾經向我解釋化學考試為何沒過，「別擔心——我們要換家教了。」那個帆船手的女兒莉莉，是我所見過最甜美、脾氣最好的孩子之一。她天生就有副軟心腸，常在微積分先修測驗以及重大壁球錦標賽裡表現失常，任憑私立女校小圈圈的惡毒以及無情的壁球行程所擺布。母親希望莉莉能以奧黛麗赫本般的優雅揮拍打出壁球的切球，但莉莉的能耐其實遠勝於此。她腦袋清楚，而在她世界的許多人並不，她成了某種青少年版的維吉爾（Virgil），在壓力爆表的公園大道煉獄裡擔任我的嚮導[2]。當我碰到正在讀《神曲》的家教孩子時，常常想到莉莉，她引導我進入地獄的同心圓裡。我們坐下來上課的時候，她會一點一滴透露出當日的艱辛，跟我說起之前參加派對時，自己只有一半心神在場，另一半巴不得窩在自家床上看影集《辦公室風雲》（*The Office*）。

我驚奇地聽著她的故事，欣賞她衣櫥裡穿皺的金絲洋裝，那是她上個週末踩著細高跟鞋在曼哈頓四處趕場的結果，而我的週末時光最多就是耗在我們家轉角的刨冰攤子。我不工作的時候，通常就在家陪兒子，因為對我而言，工作的意義不只是專業的驕傲，也是為了能夠陪伴他和我丈夫。把閒暇時間拿來在紐約到處閒蕩，對我來說是個陌生的作法，我總是迷失在研究所的研究或工作中。在奇怪的資本主義計算法裡，我工作是為了待在家裡。

◆

莉莉告訴我，家長不在家的時候，就會有人舉行轟趴，而家長常常不在家。她有朋友甚至不知道爸媽晚上人在哪裡，也有家長會在晚上十點打電話給孩子，說目前在別的城市，那天晚上趕不回來。這使得第五大道成為舉辦派對的完美地點。即使管家在場，他們為了保住工作也為了逗孩子開心，不會去跟家長打小報告說他們不在家時發生了什麼事。莉莉學校的孩子會租用由行銷公關經營、名聲可疑的俱樂部，然後向同學收取入場費。這些俱樂部無人看管。在一次家教課上，莉莉告訴我，「我去一家俱樂部參加同學辦的派對，孩子們都在屋頂上鬼混。」以她的行話來說，意思就是孩子們在屋頂上做愛。莉莉說的是真是假，我無從證實，但不無可能。第五大道上的孩子會做所有孩子做的事，只是方式更為極端。

為了參加這類型的派對，莉莉和她朋友可能必須支付高昂的入場費。他們平日有不少錢可以自由運用。在我工作的私立學校，孩子會帶著一百美元的鈔票參加自製糕餅義

---

② 編注：維吉爾是奧古斯都時代的古羅馬詩人，作品有《牧歌集》、《農事詩》、史詩《艾尼亞斯紀》等。曾被義大利詩人但丁寫入《神曲》，但丁將維吉爾形容為嚮導和保護者，指引自己遊歷地獄和煉獄。

賣會，會帶金卡去參加戶外教學。這種狀況曾經讓我的一個學生飽受嘲笑，因為他拿父親的美國運通金卡去布魯克林的街角雜貨店買貝果。其他客人似乎覺得饒有興味，後來卻覺得憤慨，我很高興我們最後平安脫險，順利走出了那家店（結果，那家店不接受以金卡消費兩塊美元的貝果）。

莉莉和蘇菲的父母會固定提供很多零用錢給孩子，或直接把信用卡交給他們。這些就讀知名私立學校的中學生通常可以出校吃中飯，而這些學校散落在曼哈頓和布魯克林某些區域，午餐通常並不便宜。他們不常在學校食堂用餐，而是在城裡到處遊蕩，買珍珠奶茶、壽司捲和十五美元的漢堡。對這些私校生來說，一週至少花個一百美元的午餐餐費稀鬆平常，而那還不包括他們在下課時和放學後買的七美元咖啡飲品。

這些孩子年紀輕輕就已是老饕。蘇菲的解釋是：「我絕對不能去讀一間買不到好喝的卡布其諾的大學。」因為這個緣故，她沒辦法去讀紐約市或洛杉磯之外的大學。這些孩子知道怎麼分辨沙拉葉。「噢，菊苣！」在我工作的私立學校中，有個五年級生走近沙拉吧的時候叫道。我從沒想過小孩子會這麼喜歡菊苣和布里乾酪。

當然，錢也會花在其他地方。幾年前流行的是香菸，近期則是調味電子菸。當地電子菸專賣店會販售這些味道嗆鼻的油，裡面含有的神祕成分其實會讓孩子們很不舒服。電子菸最初上市的時候，青少年們合理推斷電子菸總比喝酒或一般香菸健康，但他們不知道的是，電子菸會損害年輕的肺和腦，而且依然會造成尼古丁上癮。我擔任家教課的另一個孩子崔佛，就曾經在第三大道的一家店裡偷了水菸壺和電子菸筆，只因為他說老闆賣了故障的菸筆給他，卻不肯接受退貨。

我告訴他抽電子菸對身體會造成危害，有些傷害目前甚至還無法明白，他回答說：「對啊，布萊絲！我有個朋友吸了尼古丁電子菸以後，就癲癇發作了。」我問他，這個意外會不會讓他學校的同學少碰電子菸，他說：「不會，只要走進學校廁所，就會聽到電子菸的噪音，後來我也不在意了，就跟水聲一樣普通。」

就這點而言，第五大道的年輕孩子並不孤單。全美各地的孩子都在吸電子菸（一般認為高年級生有百分之三十七的人在吸，實際上也許更多），但這些孩子也有錢做其他事情，例如賭博。崔佛的同校朋友，高年級且超過十八歲，已經開始會趁著場外賭馬的昏暗店頭關門前趕去店裡，那裡可以合法對賽馬下注，其中兩個孩子已經因為網路賭博對莊家欠下債款。這對他們而言當然無關痛癢。他們會苦惱一陣子，然後將價值八百美元的鞋子以四百美元削價售出，好付清凶惡莊家的欠款。對孩子來說，網路賭博是個愈來愈嚴重的夢魘，根據麥基爾大學（McGill University）的少年賭博問題暨高風險行為國際中心估計，約有百分之四的孩童有賭博問題。網路賭博讓他們對虛擬世界的風險上了癮，而富家孩子手頭上有現金，足以讓他們陷入更深的債坑。

他們總有其他辦法在網路上燒錢。幾乎每次家教時段，莉莉都會收到高價衣物的包裹。她的管家露比來自巴貝多（Barbados）[③]——個性正經八百，正在攻讀大學學位——忙著拖進J.Crew和Splendid服飾品牌寄來的包裹；在跟家教一起撰寫報告和準備數學測驗之間，這些東西能為莉莉帶來短暫的快樂，而她幾乎每個科目都有家教。莉莉是個身材微胖的金髮女孩，肌膚蒼白，一雙藍眸。她的母親嬌小削瘦，大聲說她希望「壁球可以讓莉莉擺脫嬰兒肥」，然後在行事曆精確記錄，以便讓女兒的家教時段不會互相衝堂。

家教期間，莉莉會縱情撕開紙箱，展示那些充滿熱帶風情且不適宜在二月的紐約市穿上的服飾。風格過於大膽，也不適合穿去上學——像是豹紋連身裝，腋下的洞大到會露出粉紅色胸罩。她有自己的預算，可以挑自己的服飾。她偏好Comme des Garçons這個品牌，我有一陣子也喜歡上那種高筒帆布運動鞋和印了心形圖案的藍白條紋衫，直到我發現那種鞋子價格高達一百三十五美元為止（很多都要幾百美元），而一件簡單的棉衫標價超過一百五十美元，表示家教一個鐘點的費用連那件稅後的棉衫也買不起。我很快就習慣了這件事——自己身上的衣服比學校和家教的學生便宜。有個性格刻薄的七年級女生穿的衣服比我好很多，問我：「妳**那件**背心哪買的啊？」我心想這件背心是在某間二手店買的，反正肯定不是歌壇巨星王子（Prince）會去買覆盆子貝雷帽[④]的地方，於是灰頭土臉承認了這點，那件背心後來不曾再穿。

服飾通常是莉莉用來討價還價的籌碼。到了十六歲，她已經建立自己專屬的風格，而服飾通常被拿來當做獎賞。身為獨生女，她對父母經常出差的狀況並不開心。為了不讓莉莉太常抱怨，他們准許莉莉突襲母親的衣櫥，也常會從巴黎或東京帶回昂貴的服飾。她的母親擔任忙碌的主管職，休假日常常和女兒出門購物，因為那就是她放鬆的方式。莉莉會跟著母親去麥迪遜大道，在米蘭糕餅名店Sant Ambroeus的紐約分店買義式冰淇淋或酥皮糕點（長島的南漢普頓也有夏季的季節性分店）。

莉莉的媽咪麗莎，只跟她的閨蜜透露過我的名字，那些閨蜜跟她在皮拉提斯課上一起流汗，那些媽媽將我視為某種家教救世主，這點令我受寵若驚。除了我祖母之外，沒人曾經賜予我這樣的力量。當然了，有個第五大道的母親在我問她「妳住第五大道的哪一側」時，差點拒絕僱用我。她停頓的時間久到給人一種脅迫感，然後語氣尖酸地回答：「那裡只有一側。」我忘記紐約上城的高級住宅區裡，第五大道的另一側就是通往中央公園入口。為了這個城外人的失誤，我痛罵自己將近一個月，但我最後還是接到那份差事了。

③ 編注：位於加勒比海與大西洋邊界上的島國。
④ 譯注：〈覆盆子貝雷帽〉（Raspberry Beret）是王子於一九八五年推出的單曲。

得到家教差事對我來說，不只是好玩，也不只是關乎我的資歷或是我閉著眼睛也能暢談大部分的小說和歷史年代這種事。就算哪天被拖去老人公寓住上很久之後，我都還會記得德國統一的年份。我的心思就是這樣運作的。對我而言，家教工作就表示能付得起兒子的保母費，更表示終於可以蹺起雙腿而不會露出鞋底的洞。

◆

有太多私立學校的孩子得忍受博士教導的大學程度課程，而這些人並不覺得孩子需要額外的協助——所以曼哈頓和布魯克林部分地區的補教業興盛得不得了。學費呼應了市場的需求。有的家教一小時索價幾百美元。美國大學入學測驗SAT和ACT的家教行情好過其他人。幾年前，有好幾家公司投入這個不受管制的領域，費用從三百美元起跳，往上可以高達八百美元——**每小時**。收這樣的費用，最好能夠拿出成果。我每個小時的收費是一百二十五至一百七十五美元（我會針對有困難的家庭調整價格，也會去協助弱勢孩童，到私立學校或同等程度的教育機構擔任課輔志工），雖然很多人說我應該提高價碼，但我從來沒有這麼做。

而不管價碼如何，也很難要一些家庭結清帳款，即使對方在漢普頓有房子（位於長島末端的漢普頓也包括貴到令人眼花的度假區，那裡的中飯我都吃不起，更別說是住宿），不靠任何獎助金也能負擔孩子一年五萬美元的私立學校學費。即使他們事先同意支付這樣的費用，帳單來的時候也不見得會支付。大部分會，但總有一兩個堅持拒付。有個母親積欠好幾個月的學費，我卻同時在時尚雜誌裡看到她現身社交活動的照片。我的會計師要我註銷帳單，但我內心那種金牛座的倔強特質趨使我撥電話給那個超級富有的母親，連著兩週天天打，直到六百美元的支票——對當時的我來說是一大筆錢——出現在我的信箱裡。是從她私人財富管理帳戶開出來的。有些家長會拖很久才付錢，因為他們付款一概交由會計處理，自己並不動手寫支票——或者這只是他們的說法。

有些家長絕口不提錢。我向他們說明提供的服務內容時，我的價碼他們問都不問，真令人吃驚。我相當擔心，卻不知道何時或該如何提起，於是通常在面談過後，我會寄一封後續電子信件並說明費用。他們不談錢的事，這點教人詫異。他們似乎對此毫無所覺，就像他們問我夏天時會不會去漢普頓。這類的提問顯示他們對一般人的收入和事物價碼一無所知。有些家長的錢是繼承而來，有些是自己工作賺取。他們肯定知道孩子的老師收入低於十萬美元——除非他們已經從事很久的教職。這個數字以全美的標準聽來雖然很多，但是在紐約市只能勉強過活，幾乎不夠基本的兩房公寓租金和生活費，除非你運氣好到在多年前的紐約鄰里仕紳化之前，早早就買下一套公寓。

有個母親看著我的黑色靴子，問我說：「Prada嗎？」

「Banana Republic。」我回答，納悶她怎麼會認為我買得起一雙要價八百美元的鞋子。我去的那家Banana Republic是麻州的暢貨中心，那裡的鞋子價格比從布魯克林搭計程車到曼哈頓一趟的車資還要便宜。

起初，我興致缺缺地玩著這個遊戲，假裝我跟紐約收入位居前百分之一的那些人在同樣的商店裡購物。我有一雙不錯的平底鞋是趁大折扣的時候買的，我盡量穿著黑色衣物，沒有明顯特徵看來反而昂貴——或者至少難以捉摸。久而久之，我搬到布魯克林教書，這些孩子小學就穿真皮長褲，遠遠就能認出Fendi提包，讓我意識到自己年少時期並未浸潤在時尚之中，根本沒什麼機會發展出紐約品味。我也從未像真正的紐約客那樣，掌握帶著諷刺意味的穿衣藝術，例如將Gucci長褲剪成短褲，或以過時牛仔褲去搭上短棉衫，穿出好看的造型。我對打扮的想法依然是半熨過的扣領襯衫搭上卡其褲——一種我稱為正式老師的風格。

我在布魯克林法庭街上林立的精品店購物時，困惑不已。我真心不懂那些服飾的功能，也不曉得該怎麼穿搭。身為預算固定、與孩子共事的人，我不知道如何以定價三百五十美元、露肚皮的小可愛來打扮。在我教書的男校裡，有個講求時尚的學生以他在Catherine Malandrino的實習經驗上台做了口頭報告，我才知道有這個品牌。「女人都愛

Malandrino對細節的講究。」我還記得他當時這麼說，而班上其他人和我都不明白他在說什麼。久而久之，我放棄時髦的靴子，偏好無造型的平底鞋，家長也不會再誤認我穿著Prada的鞋子。我決定向家長放送這個訊號：我不屬於他們的世界。有些私立學校老師看起來就像隸屬時尚達人之列，讓我困惑不已，最後我發現原來他們有信託基金幫忙付清信用卡帳單。

有些家長懂。他們明白，紐約市的老師如果沒有信託基金，只能在曼哈頓和布魯克林高地的邊緣生活，以局外人的身分往內觀看。有個上東城的母親，來自南方，每次我替她兒子輔導SAT的時候，她都會幫我訂晚餐。當我要回去位在布魯克林的家，她會遞給我一個裝著烤雞、馬鈴薯、蔬菜和餅乾的袋子。「妳照顧我兒子，我照顧妳。」她用田納西式的發音對我說，有時候甚至還會有一個特濃巧克力蛋糕（搭配打發的鮮奶油）。她會因為沒有親手料理這頓飯而致歉，而她的溫暖讓我覺得窩心極了。其他家長有時甚至連一杯水都不會提供。有個布魯克林高地的母親會在兒子回到家時就備好點心，通常是令人垂涎的火雞肉捲和一杯冰巧克力牛奶。她會擺在他面前——如果她不在家，則由保母負責——放在瓷盤上，附上餐巾。她從來沒問過我是否想要什麼，連杯飲料都沒問過。所以當她拖了很久才付清學費，也不讓人意外。

我的工作就是我接觸世界的管道。在菁英私立學校擔任學習專家，讓我有機會認識評量員和心理學家，他們會評估學生是否有學習差異。他們漸漸喜歡上我，會引薦新學生給我。有時候這些學生的數量會多到讓我壓力過大而恐慌起來。全職工作加上兒子和丈夫，時間就是不夠用，我沒辦法接收所有需要學習專家協助的學生。我每週工作六天，星期天幾乎整日工作，卻還是有家長和評量員哀求我在現有的時程表裡為新學生撥出時間。

可是我很小心，避免承接過量的工作。我辛勤地對每個孩子和他們的家庭全心付出。那就表示跟家長、治療師、其他家教和教師間有無止境的通話——這些我一概未索費。我花極多時間細細思量每個孩子，回顧他們說過的話以及即將到來的活動，我用心構思能提升他們表現的新策略。

我在這行所能使用的關鍵工具之一，就是比喻。我必須將整個學習遊戲用學生能夠理解的用語呈現。問題是，他們的教育和教育目標，由其他有自己目標的人所建構——家長冀望孩子可以成為學業超級巨星，老師希望孩子可以在八年級就達到大學研究生的程度。反之，孩子的世界一定要根據他們自己的內在原則來重新建構。面對學生運動員，像是崔佛，就要將學校加以重塑成彷彿為足球比賽做準備的地方，而莉莉的性格優柔寡斷，每天每刻都能感到心中的自卑情結在作祟，就要將學校重塑為一連串可控的步驟，讓她覺得每一步都能應付。

問題是，我跟孩子玩這種遊戲的時候，往往對他們生活的實況無法全盤掌握。雖然有些家庭對我直言不諱，但有些人會把謎團的關鍵訊息藏匿起來。

◆

班恩的家庭尤其如此，他們在一個我幾乎摸不透的世界裡活動。他跟家人住在豪華飯店，父母從不在家。早年網路資訊還很不齊全，我以google搜尋，查到他父親正在接受美國證券交易委員會的調查，而他母親的歐洲銀行業家族完全與她切斷財務關係。我看到他飯店書桌上有治療師以及過敏專科醫師的名片，所以猜測他正因為明顯的憂鬱症和氣喘而接受協助，但他母親完全沒提這些事，因為我從未跟她碰過面——一次也沒有。

不過，就某種程度來說，這種謎團也會激起我的好奇心。小孩就像由智趣、能力、情緒組合而成的萬花筒，每次我跟一個孩子碰面，像是班恩，就會發現一片新的玻璃從變幻不停的圖案裡蹦出來。雖然班恩通常對閱讀意興闌珊，但是我很驚訝他喜歡福克納（William Faulkner）的《我彌留之際》（*As I Lay Dying*），關於一個受到南方哥德傳統影響的家庭，試圖埋葬他們母親的故事。「超瘋的家庭。」他咧嘴笑說，彷彿福克納筆下那虛構的來自密西西比州鄉間的邦德倫一家比他的曼哈頓家庭還要癲狂這件事，讓他如釋重負。

這些孩子並非我的孩子，我不那樣看待他們。可是我把他們當成朋友，也許是年幼的手足，我覺得我可以為他們的生活帶來小小的改變，就像他們可能改變我的生活。以我的收入等級而言，我對於在自己兒子身上複製他們的教養方式並不抱什麼希望，即使想要也辦不到。但我覺得透過每週一兩個小時的家教，我也確實對他們貢獻良多。我往往從兩分鐘的暖身開場，然後開始上課。在約莫五十分鐘期間，我可以興致盎然地對於他們正在閱讀的作品或是研讀的歷史提供背景資料，帶領他們深入作品，提點他們使用技巧。

對我來說，這些時間往往比在學校的正職工作還刺激，我在學校會跟學生碰面，但也為了讓學生在標準化測驗上得到因應個別需求的調整，必須對美國大學理事會（College Board）⑤和ACT提出無止境的申請。就另一角度來看，我之所以喜歡這所私立學校的工作，是因為有機會認識當家教碰不到的孩子類型——以獎學金入學的孩子，父母永遠不可能付費尋求外援（即便我的報價是浮動式的，但有些私立學校生完全仰賴獎學金，無論家教費用多少都無法負擔）。以安索為例，他父親是藝術家，住在哈林的套房公寓。上私立學校表示他必須跟自己不見得能起共鳴的同學長時間相處，但他的存在卻讓我能夠跟其他類型的孩子產生連結。不過，在學校的情境裡，很少有時間能夠像私人家教那樣執入進行學習專家的工作。

在私立學校的工作有時其實不太穩定，至少在你年輕的時候。有段時間，我曾經替某家很排外的私立學校工作，申請那所學校的學生似乎多到數不清，但校方只錄取極低比例的學生。有很多老師明白表示，我不是他們學者社團的一員；有些老師似乎有人格障礙，將世界上的人分成夠格和不夠格兩種。頭一年，有些老師百般刁難我，學生、家長和老師頻頻考驗我，看我是否吃得消。

我所工作的那間學校，成長儀式之一就是，學校新進教職員除非證明自己，否則家長會視而不見。我接手的那個工作，離職者之前在一封寫給學生家庭的信裡寫錯了名字，那位母親在我的答錄機裡就留下一番謾罵。「妳擺明了就是不在乎我兒子！」她對著話筒怒吼，我聽得膝蓋發抖。另一位母親要我立刻回電，我回電時卻要我十分鐘後再撥。我常常覺得自己彷彿站在遊樂屋的哈哈鏡廳裡。當我顯然可以從第一年倖存下來——主因是半夜要跟著我兒子起床，讓我缺乏睡眠，我對周遭的狀況反應遲鈍——那些老師反而逐漸對我生出了點好感。

⑤ 譯注：一九〇〇年成立的一個美國會員制協會，即大學入學考試委員會（College Entrance Examination Board，CEEB），由五千九百多所學校、大專院校和其他教育機構組成；高等教育機構透過該理事會提供的標準化考試，測試學生的學術能力。

學校有不少討人喜歡的家庭，也有會對我尖叫、在語音信箱留下辱罵訊息的家庭。我想有部分原因是因為我還稚嫩。我有張圓臉，讓我看起來比實際年輕，所以即使到了三十出頭也散發不出多少威嚴氣息。上班的大部分時候，我都覺得孤單，在校感覺跟家長常常處於敵對狀態，而我並不希望如此。

不過，我家教的那些家庭就與我比較親近，有些人甚至還把我當成救星。雖然我知道這在情緒上並不健康，但受到歡迎、尊重和欣賞的感覺很好。我有個家教學生的父母甚至說：「妳的學校能找到妳任教，運氣真好！」但我覺得這不見得是學校每個人的想法——並非因為我工作不賣力或不在乎，而是因為和學生家庭時時處在緊繃狀態。我老家在麻州，在校的工作行程讓我無法時常回家。身處在他人氣氛溫馨的家中時，我就會想起父母位在波士頓附近的家。紐約肯定是全世界最拒人於千里之外的城市之一，但在那裡擔任家教，卻讓我覺得自己受到需要跟歡迎。

◆

不過，要仰賴家教費用支付房租，遠遠不只需要熟悉德國再次統一的細節。更關鍵的是，我必須學習第五大道「躁人」（Fretful）的行為模式——這個詞是我替那些住在上東城豪華大樓裡努力不懈的焦慮人士所取的暱稱。有個心理學家專門替上東城學生評估學習障礙，賺了不少錢，看了我的資歷（哈佛學術榮譽協會Phi Beta Kappa以及羅格斯大學的心理學博士），我們針對教育、學習差異和私立學校談了非常久。到了對話結尾，她說，「而且妳也長得好看。」這暗示了只是上哈佛、擁有博士學位還不夠。我進入的那個世界，肥胖者會被擋在門口，那裡的人似乎不會有頂著亂髮的糟糕日子，連老師都穿Delman平底鞋。在這個世界裡，不受面皰染指的重要程度堪比讀完喬治・艾略特（George Eliot）的所有作品。幸運的是我不曾有面皰的問題，這位評估員也對我**非常滿意**，開始將我推薦給第五大道和公園大道的家庭當家教。

當我進入第五大道人們的生活，對於評估員評量我這件事，不再覺得奇怪。她只是對這個世界什麼可行——以及什麼不可行——有非常實際的看法。

崔佛的家人將我引薦給他們的表親茱麗雅。我替茱麗雅上了幾個星期的家教課後，有天下午走進她位在第五大道的豪華雙層公寓客廳，碰上了她的母親。我們從未見過面，此時她竟然反常地出現在家裡。她態度溫暖地歡迎我，我正準備跟她聊聊茱麗雅的時候，攝影師下樓來歡迎我入鏡。公寓的聖誕裝潢布置即將刊登在發行全國的居家雜誌，我表明自己並非拍攝對象之後，便迅速被送上樓到了茱麗雅的房間。她很習慣母親在雜誌裡亮相，對整件事無動於衷。

活在每個月兩千美元的帳單通常準時結清的世界裡，確實令人上癮，但我擔任家教不只是為了賺夠生活費。進入這個世界，確實讓人感覺跟狀似自在華美的生活產生某種彷彿身歷其境的連結，特別是我自己的生活實際上既匆忙又慌張時。有好多個晚上，我因為擔心錢而夜不成眠；大部分的日子裡，我在全職上班後還要衝到地鐵站趕去上家教課，然後再衝到日托中心接兒子。我不准自己打電話請病假，因為我不想錯過賺錢的機會，也不想讓這些家教課的學生失望。

早春的某一天，我任教的其中一間學校的某個學生的母親邀我到公園大道的婦女讀書會當來賓。聚會時間在下午一點，那個時間對不用上班的婦女來說很方便，但對其他人則非如此。我中午才過便偷偷溜出校門，搭乘七十九街的市區巴士；在這個魔幻時刻，公車在不堵車的狀況下無比順暢地滑過了中央公園，我對於自己因為留在校內而非在紐約市四處漫步所失去的時間大感驚奇。

讀書會的女主人剛從華盛頓搬到紐約，她的丈夫要從政府轉換到銀行業，比起上東城，她的模樣更適合穿著羊毛套裝在首都權力圈內活動。她一身海藍色套裝，珍珠飾品，低細跟鞋，一頭金髮狀似挑染的鯔魚頭[6]。她的地址在八十六街而非位於大道上，我從這點便可推知他們當初肯定急著找房子。在這年結束以前，她肯定會搬去第五大道或公園大道比較顯赫的地段。於此同時，她仍為了盡可能融入其他上東城的婦女而加入這個讀書會。我佩服她的精力。

其他婦女則更貼近紐約的典型。有個女人穿著我所見過最華麗的絲襪——絲料上綴有花卉刺繡，零售價超過三百美元（上東城有些店家純賣襪類，是我從婚禮那天以來不曾穿過的東西）。這些婦女如此削瘦，我想不通她們的身體怎麼容納得了大小腸。我是那種生活碰上難題會吃披薩尋求慰藉的人，她們生了孩子，住在一個有Zabar's超市⑦和義式酥皮點心的城市裡，竟然還能保持蘆葦似的身材，真令我大開眼界。

大家用瓷杯淺盤啜著茶，四處走動，開胃小點理都不理。我是受邀去談談我寫過的一本關於讀書技巧和ADHD的書，她們連珠砲似的問著孩子和私立學校教師的事。她們可以花很多時間對孩子的生活進行顯微分析，甚至為未來做準備。她們的孩子目前就讀初等學校或中等學校，但這些母親一心急著預知接下來的情形。我不像這些主婦媽媽，一次只能計劃未來幾個月的事情，因為每天全職工作加上家教已經令我忙得團團轉，沒有多少心理空間可以盤算其他的事。

⑥ 譯注：原文為mullet，頭頂和兩鬢都剪短，後腦勺留長的髮型，又稱為狼尾頭。
⑦ 編注：位於曼哈頓上西區的商店，紐約客心中的美食天堂代表，也成為電影及劇集入鏡頻率最高的紐約場景之一，甚至推出過專屬的提袋和鞋子。

「妳目前任職學校的高中測驗是什麼樣子？」她們問，顯然沒人先讀過我的書，那本書談的是因應不同測驗和報告類型的準備策略。她們只想要我以圈內人的身分提供曼哈頓私立學校的入門指引。

「有累人的期中考，」我告訴她們，「孩子得寫好幾份歷史報告，還要分析和回顧長篇小說的細部情節。」

「真的要在暑假預上科學課程，開學以後才能修科學課嗎？」另一個母親想知道。

「對，有些孩子是這樣沒錯。這種狀況愈來愈普遍，」我說，「孩子們發現只有這樣才能有好成績，免得被那些預上暑期課程的人比下去。」

在我談話期間，那些母親在好幾個時間點倒抽一口氣或是咂舌，我覺得她們彷彿把我加進了某種聯盟。有些婦女席地坐成一圈，雙腿整齊收折在身體下方。我說的話暗示著我們身處同一條船，我們能讓孩子們安然撐過這些瘋狂的私立學校。突然間，我下襬縫邊鬆脫、樣式簡單的Target平價連鎖品牌洋裝，以及忘了先刮除腿毛這些事，似乎也沒那麼要緊。

那一個鐘頭的大部分時間裡，我都吸氣收小腹——我從童年就有小腹，恰恰是六塊肌的相反——後來我也不吸氣收小腹了。她們喜歡有我在場，儘管頂著一頭亂髮。

我之前從沒遇過裝扮這麼精美的團體。我很詫異有人可以用這麼愉快的方式度過下午——談談書，喝法國瑪黑茶，完全不趕時間。這些婦女甚至努力尋找跟我之間的共同點。她們問我住在哪裡時，女主人支支吾吾對管家說：「查理前幾天在布魯克林有個棒球賽，是在哪兒啊？」

即便是跟管家討論過後，女主人依然說不出兒子參加球賽的地點，我不確定是弗拉特布希（Flatbush）還是雷德胡克（Red Hook），或是兩者之間的某處。儘管如此，這是女主人對跨區團結的嘗試。她可以只要說「聽說是布魯克林」，然後言盡於此。這些母親客氣得不得了，雖然大概過了十五分鐘，她們就不再談我的書，而是鉅細靡遺聊起孩子、老師、活動。我甚至因此才知道孩子們還可以去參加太空營。

我離開的時候，她們送了我一個飾有蝴蝶的約翰・德里安（John Derian）剪紙藝術托盤，賣價將近四百美元。我放在家裡的書桌上，用來裝帳單。我喜歡看著它，直到它被一疊紙張淹沒，不見蹤影。

這場茶會過後，我在地鐵上一眼就能認出帶著私立學校孩子出門的母親。這滿罕見的，因為這些人絕大多數都會避開公共交通工具，搭計程車和私家車在城裡活動。她們相當顯眼，精緻的衣著、幾乎一致的纖瘦外表，一頭無瑕金髮（偶有少數棕髮），無止境的皮拉提斯使得身體結實緊緻。衝去家教或趕回家的時候，我很享受於側聽她們的對話。

在某個漫長的星期二，我早上七點便離開家，放學後有一場九十分鐘的教職員會議，我把自己跟雨傘塞進小小的地鐵空間，緊張兮兮看著手機，希望可以及時趕到家，接我兒子保母的班。在我附近，有個母親穿著長及小腿肚的短袖洋裝，深V衣領襯托出頸子的生命之樹項鍊，上頭鑲滿了鑽石和藍寶石。她旁邊坐了個年約八歲的女孩，金髮編成法式辮子。

「卡蜜拉，要不要為學期末的音樂會買件洋裝？到時候妳看起來會很美！」她母親告訴她。

女兒點點頭，「我能不能有另一件洋裝穿去麥迪森的婚禮？」

「當然了，傻瓜，」她母親回應，「學校的洋裝不適合參加婚禮。那是不同種類的洋裝。」她說的話讓我想起自己八歲那年還能穿得進那件Gunne Sax洋裝時，我總是穿去參加各種場合——從親戚的猶太成人禮到生日派對，甚至沒有其他衣服可以穿去上學的暖和日子也照穿不誤。

我想像這位婦女踩著高跟鞋、穿著克什米爾毛衣，帶著女兒走進上東城昂貴的童裝精品店，玻璃櫃裡有折疊完美的白色嬰兒服，有合身馬甲以及腰帶能綁成蝴蝶結的碎花洋裝。在音樂會那天，小女孩會穿著亮晶晶的Crewcuts平底鞋——來自J.Crew昂貴的兒童產品線，搭上配色的孩童尺碼手拿包，也是整個蓋滿亮片。我兒子的衣服大部分都是從網路訂購，只有單色或條紋，我羨慕那個母親可以花這麼多時間思考一件洋裝。我確定在音樂會那天，她女兒的法式辮子看起來會很完美，而我單是能用梳子替兒子梳頭髮就已經是萬幸了。我就是無法跟得上這類人的步調，只是喜歡從旁觀察她們。

◆

公園大道的家長，在孩子人生的時時刻刻都灌注了超量的目標與衝勁，這點令我深感著迷。

我童年的大部分時間都在餵孔雀魚飼料，放幾隻善變的貓咪在家裡進進出出。其他的日子裡，我會跑去冰河在家中滿地積雪的院子鑿出的大坑裡玩耍，由隔壁的愛沙尼亞家庭幫忙看管。因為是一九七〇年代，我的教養過程相當放鬆。我們只是擔心石油危機問題會影響家裡的暖氣，並且學習卡特總統強推給我們的公制系統。雖然我的父母是布魯克林土生土長的猶太人，但我成長的地方很少人到過紐約市。那個城市的熙熙攘攘遠離我們這個雪封的安靜世界，當時連附近的波士頓都在劍橋強大智性的陰影下，成了一個漸走下坡的城市。如果我們在第五大道成長，而非麻州鄉間，我爸媽一定會要我和雙胞胎兄弟和鄰居去學愛沙尼亞語。（想像一下，在大學申請資料裡提起你會說愛沙尼亞語！）鄰居照料我們的那五年間，我們只學會了「熊」這個字的說法。在他們急速的對話中，我頂多只能聽出我們的名字。我們確實看了一些愛沙尼亞舞蹈和一九七〇年代的哥德肥皂劇《暗影》（*Dark Shadows*）。我的父母在波士頓擔任律師，放任我們自己吃Breyers冰淇淋，看《一家子》（*All in the Family*）重播，學習自由主義政治。日子過得很尋常。

但是這些家長如此在乎自家孩子的成績，如此看重我這個家教老師，對我來說很振奮人心，很有吸引力。這些家長在同意僱用我之前，常常在他們家客廳裡對我進行良久的審核，有些人甚至要助理安排對我的面談，他們會面談一批家教之後才選定一位。我習慣進入這種羅馬格鬥士風格的競技。抵達那些家庭的公寓時，常常會看到其他競技者被送出來。在寒冷的月份裡，我去面談時會穿上父母從批發商買給我的鋪毛外套——我的保暖衣物裡只有這件上得了檯面。在一次暖和天氣的面談裡，我不得不換上Target平價品牌黑色小洋裝，再搭上羊毛衫，假裝我每天都穿黑洋裝。當然，我的平底鞋還是有破洞。

受僱前那些累人的面談內容包括：端出我的履歷，回答關於我課輔過的學校的問題，同時明確回答是在哪個孩子的學校做過特定的課輔。擔任家教幾年之後，我讀遍了中學和大學學生的讀物，幾乎全部倒背如流，包括《梅岡城故事》、《羅密歐與茱麗葉》、《奧德賽》、《麥田捕手》、《陽光下的葡萄乾》、《傲慢與偏見》、《人鼠之間》、《頑童歷險記》、《哈姆雷特》，當然還有《大亨小傳》，但還是必須回答這方面的問題。我其實並不在乎這樣的審查。幾乎沒有我回答不了的問題，沒有一門我無法擔任家教的課程，我甚至連科學都能以三言兩語就做出完整呈現。

我曾在曼哈頓的咖啡店裡有過一次跟家長難忘的會晤，我緊張兮兮地等待那對夫婦到來，最後看到一個下巴點點鬍渣的男人，他穿著窄管八分褲，光腳踩著樂福鞋，胸前口袋放著粉紅三角巾。我向無名的神祈禱他不是學生的父親，但他確實是。我們姑且稱這男人為唐．德雷柏（Don Draper），因為他讓我想到電視劇《廣告狂人》（*Mad Men*）的主人翁。金髮妻子美麗無瑕，瘦得有如蘆葦——貝蒂．德雷柏（Betty Draper）[8]！我納悶她生了四個孩子怎麼還有這樣的身材，後來發現她每天早上都跟私人教練一起健身，要到中午左右才能聯絡上她。

我在啜飲綠茶之間，必須回答唐．德雷柏這類問題——

「他們的成績有起色嗎？」他們想知道。（**不，孩子不夠用功的時候，成績不見得會有起色，**我解釋，**但是，如果他們好好用功，通常都會有所改善。我沒辦法提供仙丹妙**

⑧譯注：虛構人物，是《廣告狂人》劇中主角唐．德雷柏的前妻。

**藥**。從他們蹙起的眉頭看來，這樣回答並不理想）

「妳認識我兒子學校的老師嗎？」（**是，我見過其中幾個，跟他們通過無數次電話**。唐．德雷柏夫婦與我意見不同，不認為他們兒子的老師是了不起的教育家，但他們還是僱用了我，也許是因為我曾經擔任過他們兒子學校好幾個孩子的家教）

然後也常有和孩子的會晤，看看彼此之間的**化學反應**（這是家長最常用的字眼）好不好。結束會晤之後，我常常鬥志昂揚，準備破解每個孩子的密碼，想想怎麼燃起他們對學業的興趣。我備有一系列必用笑話，大部分可以讓我連續自嘲好幾分鐘，並且在戲謔中讓學生知道，暑假期間和我一起讀《奧德賽》或學習美國歷史上的每種關稅會是多麼樂趣橫生。

初識莉莉是在她升高中前的暑假，我跟她說在暑假期間一起預習《大亨小傳》會多麼有趣時，她臉上漾起笑容。「我確定妳不會有比這更想要做的事。」我說。她面帶微笑，焦慮的眼角閃著淚光。這就是我這行的妙招之一——提前帶孩子認識往後會閱讀的複雜作品，協助他們吸收關於這本書的部分脈絡。有些原本在消化語言就有困難的孩子必須在短時間內迅速吸收大量複雜文本時，提前經過這樣的準備，就不至於陷入困境。這些孩子喜歡我的嘲諷玩笑，因為那表示我明白課業對他們來說很乏味。突破孩子們的心防這件事，對我而言，數十個孩子裡只有少數幾個的難度勝過圖靈破解納粹的密碼系統「恩尼格碼」。

接下來會有一段安排行程的陣痛期，這件事有時還滿費工夫的，因為孩子的行事曆原本就排得很滿，大部分的孩子都有課後運動和巡遊賽隊（travel team），因此常常出門。對莉莉來說，安排行程幾乎是不可能的事，她要上壁球課還要參加錦標賽，更別提還要去漢普頓過週末。

「莉莉好喜歡妳，」頭一次會面之後，她母親在電話上告訴我：「我們很想跟妳合作。」

「唔，謝謝。」我告訴她。

「所以——她在每個星期一和星期五的五點都有數學家教課，妳有可能六點過來嗎？」

星期五下午是我的神聖時間——跟宗教無關，而是一下班就見到兒子的時候。那是他一週內唯一沒有保母的日子。

「沒辦法耶。」我告訴她。

「噢，所以星期五的六點沒機會嘍？」她回答，語氣驚訝。「那每個星期五的七點行嗎？」

「我不會在星期五安排家教課喔。」我告訴她。

「星期六的早上十點如何？」她問我。那是一週裡我不願工作的另一個時間。「我們有時候會去漢普頓，但我們可以從這個時間開始安排，到春天再調整。」

「抱歉，也不方便，」我說，納悶莉莉的母親怎麼會期盼我按照她去漢普頓的計畫更動我自己的行程，「週間五點前的時間呢？」

「噢，親愛的——莉莉真的好喜歡妳……每個星期三的四點，她得跟個人教練上課，所以那個時間不行。」

「那個時間倒是滿適合家教的。」我說。

「我們沒辦法挪開她的私人教練，那對她的壁球交叉訓練很重要。」

「好吧，」我說，「若不是那個時候，就是每星期四的四點。」

「不行，那也不可能。她那天五點半開始要上壁球課，我們的管家得帶她到布魯克林高地。」

「那個時間還滿適合的。」我告訴她。

「好吧，看看露比能不能事前幫莉莉做晚餐，這樣她們可以一起搭Uber去布魯克林。時間會很趕，可是既然她這麼喜歡妳，我們會努力想辦法排進來。」

那就是我最後擠進莉莉時間表的過程，夾在上學和運動練習之間，難怪她總是在家教課吃壽司當晚餐。我們一起讀莎士比亞的《凱薩大帝》劇本時，她啃著加州捲和辣味鮪魚捲，用牙齒撕扯海苔。結果，醬油的氣味總是讓我想起莎士比亞。

家長痛恨放棄這些活動的任何一個，但是當我錯過一次家教時段——我不確定那個孩子是否有心繼續上家教課——家長卻動怒吼了我（當時有暴風雪，所以我決定直接返回布魯克林）。那個媽媽顯然失望透頂。「可是我為了妳取消提琴課耶。」她哀號，彷彿兒子一個鐘頭的停滯會毀掉一生似的。

◆

雖然在第五大道，停滯就跟鬆弛肌肉一樣罕見，但這些狀似停滯的短暫時間對孩子其實頗有益處。這一點有研究的強力背書，但是無論我宣揚放鬆的益處多少次，家長看我的眼神總彷彿把我當成過時的怪胎。

如果希望在一天當中的其他時間點有生產力，孩子必須適時關掉腦袋，就像關掉電腦螢幕一樣。他們需要停工期來鞏固思緒，讓自己的心思想出其他解決方案。心思會在這些關機時間運作；這就是為什麼淋浴或洗碗時會冒出最棒的點子。你的腦袋很放鬆，在休息，持續流動的聯想網絡會更加活躍。如果孩子的生活時時刻刻都排得滿檔，他們就不會明白如何應付無聊或獨處。他們的心思隨時準備好來自他人或電子用品的回饋；

他們可以用來認識自己、釐清自己的夢想、弄懂自己的觸發點及頓悟的那些時刻，都被偷走，再也無法復返。尤其童年階段是人漸漸建立價值觀的時候，這些時刻如此神奇，而我擔任家教的這些孩子卻似乎無法把這些時刻排入每日的行程。

莉莉就是例子之一，他們的生活不允許這類的孩子有任何「心流」（flow）的時刻，這個概念由匈牙利裔美籍心理學家米哈里・奇克森特米海伊（Mihaly Csikszentmihalyi）發展而來，意指有成效地沉浸於工作中。在這個狀態裡，人處於平和狀態，全心投入於工作中，不會注意到時間流逝。心流會帶來快樂及對個人能力的強烈信心。家長會希望孩子體驗到這種狀態，但現代童年文化從很多孩子身上偷走這樣的時刻。

莉莉從黎明時分就開始壁球練習，接著是磨人的私立學校排程，放學過後又是更多的壁球練習，然後是回家作業和家教。壁球不只是神祕的球拍運動；對莉莉來說，壁球不只是會發生在球場上的一種運動，更是一張進入名校的門票，像是長春藤或人文菁英學校，在那裡，大家對壁球相當熱中。她告訴我說很喜歡縫紉，我看過她的針線作品，精準熟練。「我想當時裝設計師，」她惆悵地說，瞟了眼翻開的《Elle》雜誌，「可是我沒時間去那些想學的時尚課程。」我親眼看到莉莉縫紉的那一次，她似乎一派平靜，操針手法靈巧，針針篤定；縫紉是一個她可以放鬆和尋得慰藉的世界。比起壁球球拍，她掐起針來更自在，可是家長不准她為了一項工具放下另一項。

我跟這些孩子共事的時候，會讓他們聊聊天，開點玩笑。這可能是他們整天下來的頭一次喘息時間，能夠輕鬆一下，他們通常會很感激。上學前先練習壁球，接著是一整天密集的課業，放學後又是壁球練習，再來是兩個課後家教——一個幫你組織《蘿莉塔》報告（我不幫忙孩子寫報告，但會協助他們組織自己的想法），然後晚點則是上SAT。我只是他們永不止息循環裡的一個停靠站，倒不如弄得妙趣橫生。那表示但凡每件青少年有興趣的事物，我都願意撥點空岔題一下。在含糊其辭之後，我必須決定自己最喜歡英國青春偶像男團「One Direction」的哪個成員，因為我的家教學生不肯接受我沒有明顯偏好。「贊恩。」我宣布，佯裝滿懷信心，因為其他幾個在我腦海裡全部混淆不清。

和孩子們在一起，這樣的工作令人精神煥發，而我往往被他們所觸動。他們脆弱易傷。我與他們產生共鳴的同時，也為他們外顯的世故感到驚奇。他們就像Prada製作的泰迪熊——毛茸茸、可愛又時髦。這些孩子有某種漫不經心、信手拈來的時尚風格，超乎我的價格範圍。他們通常都帶點法國風，彷彿他們的裝扮應該配上粉彩單車和一根長棍麵包。他們也擁有昂貴的裝備，像是要價將近兩百美元的壁球球拍。他們在私立學校的書單相當誘人。我無法想像在高中讀《蘿莉塔》。他們寫作、思考，一臉漫不經心，我對他們擁有這樣的機會感到興奮，而這樣的興奮感足以讓我忍受搭乘日光燈慘白照明的地鐵，歷經漫長旅程返回布魯克林的家。

不過，有些孩子對公園大道住民的特權則是十分輕鬆以待。崔佛的父親看起來就像是時代劇《唐頓莊園》裡的某種爵爺，他咬緊牙關的表情符合那個角色的必要條件。但崔佛——點點雀斑、Brooks Brothers的襯衫從寬鬆牛仔褲鬆脫出來，因為踢足球而腋下發臭，肆無忌憚跟我說他的老師有多爛（但事實是他自己從來也沒學會該怎麼好好閱讀）——不讓他父親的負面情緒和輕微的不苟同影響到自己。崔佛自願幫工友使用高壓清洗機，清除他們第五大道公寓大樓前方人行道上的口香糖（難怪第五大道的人行道沒有任何油漬或汙跡：高壓清洗機）。崔佛如此靈活輕盈，在牽著貴賓犬的年長婦女之間穿梭，簡直可以從人行道上彈飛起來。就是這種無憂無慮的態度，讓他後來深信自己即便犯法，警察也永遠逮不到他。可是我最初認識他的時候，並不知道他那種漫不經心底下藏有黑暗的一面。我只是覺得有意思，跟陰鬱且具壓迫感的父親一起生活，他竟然還是如此熱情洋溢、無所顧忌。

他的父親老成持重，沒重到壓破紐約市人行道的水泥掉到地底，簡直是個小奇蹟。連在夏天，甚至在週末，都會穿得一身灰。週間則穿著Brooks Brothers西裝搭白襯衫和菱紋領帶。鞋子擦得晶亮，身上沒有多一盎司的重量。臉在該有頰肉的地方凹陷下去，連眼珠子都是無色的。批評是他的固定反應。

崔佛告訴我，他對父親的唯一溫暖記憶就是「小時候，我爸會在星期六早上帶我去辦公室。他忙他的工作，我做自己的事，在橫線簿上塗色。」我納悶崔佛為什麼必須在有線條的紙張上畫畫，連在學齡前，家長都不讓他在開放的畫紙上塗鴉。他咧嘴一笑，用起伏不大的語氣從兒時回憶裡撈出這段插曲。他從那樣的經驗得到一種毫無拘束的樂趣——這也算是奇蹟了。

◆

透過莉莉的關係，我有時候可以間接體驗一下豪門生活。替她上家教課的時候，我用繪有伊萬里燒圖案的Rosenthal骨瓷杯喝茶。我得以走訪她位於漢普頓的家。我在那裡度過僅有的少數喘息時間，遠離紐約市夏季的熱氣和氣味。即便有個母親聲稱「夏天沒人待在城裡」，但，我就是會待在城裡，我和勞工世界的所有人都需要努力賺錢。

富豪以及渴望致富的人到長島避暑時，都集中在漢普頓。我在那裡明白，這些紐約客只會在想要的時刻流汗。費茲傑羅筆下的男主角就在長島過著奢華生活，而享有這種生活的孩子真的是「蓋茲比的小孩」，如同男主角的精神繼承人。他們可以在如茵草地上烤肉，在自己的泳池裡泡水。可以參加慈善義賣，見到他們在上東城認識的大部分人。可以在網球比賽之前讀《奧德賽》。很多家庭在這裡度過整個夏季，直到開學前一刻才會回到城裡。孩子（在有Google Docs以前）可以聲稱自己不小心「把作業留在漢普頓了」，這麼一來，比起家境較不富裕的同儕，家裡有兩棟房子的學生多了個可以利用的藉口。我當導師的時候，不少學生都把那個藉口用在我身上，意思就是要我對那些有第二個家的孩子網開一面，而那些靠獎學金入學的孩子就沒那種運氣（社經地位較低的孩子可以用這個理由——「我把作業留在我爸的第二個工地那裡」，可是他們從沒用過）。

莉莉在漢普頓的家低調而美麗。你可以想像一個擺了白色沙發的寬闊客廳，還能望見大泳池。一切都是白的，點綴著灰。我很討厭客戶使用白色椅子，深怕自己會弄髒。不管我可以將浪漫主義詩作分析得多好，每次只要一站起身，我就會緊張兮兮檢查椅子，看看融化的薄荷巧克力糖是否滲進了貴重的布料裡。

開車到那裡去的時候，我路過敞篷跑車，回想著蓋茲比駕車從長島到紐約市時是如何穿越「灰燼之谷」（valley of ashes）。在令人充滿希望的夏日早晨從布魯克林開車到長島時，我覺得自己彷彿住在「灰燼之谷」，就是煤灰充斥、不規則蔓延的都會區，就是加油站員工喬治．威爾森跟他紅杏出牆的妻子梅朵在《大亨小傳》裡所居之地。就某些部分而言，布魯克林和皇后區依然是都會渣滓的儲放地，是曼哈頓和長島富人為了抵達各自的家而不得不行經的礙眼地帶。我短暫地住過皇后區，在加油站、洗車店、百元商店、倉庫、貨車車庫之間，就是讓曼哈頓生活得以順利運轉的人們（醫院員工、衛生僱員、保母、老師、Uber司機）所住之地。在莉莉家的泳池邊度過一天，讓我想到對某些人而言，灰燼之谷只是他們前往輝煌亮麗、帶來釋放感的某處時，短暫的穿越之地。但對其他人來說，這是他們日常的現實。

在夏季這個月份裡，在一天的營隊或網球課之後，我的職責是輔導孩子的功課，所以我明白自己得在尖峰時段開車趕往威徹斯特郡（Westchester）和其他地方，才能趕上和他們在近晚時分碰面。經過兩小時的新鮮空氣和奧德賽進入冥界的課程討論之後，我又得返回自己的冥府——夏季的紐約市。可是我離開的時候，錢多了一點，肺部積存了幾個小時的新鮮空氣。

不過，在鄉間短暫停留、享用伊萬里茶具，並不是我持續替紐約位居前百分之一的人提供家教的原因。在幾個鐘頭的家教期間內，為孩子的生活帶來秩序，我對這點上了癮，健全和不健全的理由兼具。我擔任家教的這些孩子，大部分都有「學習差異」，卻必須應付高難度的課程。我喜歡在短時間內將事情理得井井有條，令人好過一些（雖然不是在最關鍵的層面）。這跟遺傳有關。我的祖父母和其他親戚上門拜訪的時候，會幫忙清理我的衣櫃，修剪我的指甲。我的家人在遺傳上就是厭惡失序，而我想將那樣的純粹帶進孩子的心靈和書包裡。在跟他們共處的那個小時裡，我試圖釐清他們的困惑，擬訂計畫，提升他們的表現，整頓他們的背包——裡面有皺巴巴的紙張和備用的昂貴頭罩式耳機，提振他們的情緒，與此同時仍然一面做著三角方程式或是準備俄羅斯革命的小考。我通常覺得，我要離開的時候，他們的心靈衣櫥變得整潔了點。

我一次次重溫我的國中和高中時光。雖然我付不起諮商費（紐約市的心理治療師不接受保險，鐘點費至少兩百五十美元起跳，這點可是出了名的），但我在淋浴間裡自由聯想，進行自我治療。我自問，為什麼已在高中工作，整個星期還去替中學生和高中生上家教課。我意識到自己是企圖回到過去，拯救或安撫年少焦慮的自己。年少時，我將世界看成緊湊高張的道德遊樂場，惡霸必須被打敗，沒有朋友的人必須得到拯救。偶爾，因為內在忙著上演道德劇，我缺乏細膩觀察、不懂得拿捏分寸。要是當初可以用不同的方式處理就好了，我暗想。要是我當時能明白，會有比其他青少年的殘酷作為和封閉心靈更好的事在未來發生，該有多好。那就是我坐在孩子身邊那些無止境的時間裡，企圖傳授給他們的東西。

有額外的收入很好，而且必要，但在那十五年期間，我並未提高收費。我大可這麼做，尤其是在出版了好幾本學習議題的書、在好幾所私立學校工作過之後。很顯然，我在這個工作裡獲得了什麼，就像那些孩子一樣。

# 2 圓餅圖

某個悶熱的九月下午，暴雨欲來，我上班的紐約市私立學校老師擠在過熱的小禮拜堂裡，仰頭盯著前方的大螢幕。學校聘請了一位顧問來檢視我們的進度，他正談及學生家長的事，腋下浮現圈圈汗漬。他伸手點著一張簡報，上面以色彩繽紛的圓餅圖呈現家長的平均收入。我閉上雙眼，不想看內容。

「所以，本校家長的平均收入是七十五萬美元。」他說，並試圖趕快說下去。老師間竄過一陣吱喳細語，夾雜著嘆息、笑聲、悶哼。我想看出個究竟，於是強迫自己看看那張圓餅圖。最大的那片代表收入超過五十萬美元，也有其他片狀，但都是窄形，有點像是減肥期間吃的那種德國巧克力蛋糕片。我感覺波波熱氣湧過我的臉，對於自己成為怎麼樣的人深感羞愧——比起我大學時代的同學更窮困許多。我最初遇見那些富豪階級的人就是在哈佛期間，但他們似乎並不代表我能夠企及的任何事物。大學時短暫走訪曼哈頓時，才突然滿腔尷尬，意識到身上的夾腳拖和不合身的緬因州兜帽標示著我並非在地人的身分，而在那之後，我也從未嘗試仿效那些菁英。

我向來知道這間學校的家長相當富裕，但我盡量不去多想。我盡量不去看他們的麂皮靴子，以及早上他們送孩子來上學時騎著的昂貴協力車，那些年幼孩子身上都穿著法國水手襯衫。即便我看到這些東西，也盡量不去想價標，但這男人的口頭報告向我確認了真實的一面：這些家長賺的錢比我多了十倍左右。

這項訊息公布之後，眾老師陷入平靜冷淡的狀態，彷彿暗示他們素來知道家長群多麼富裕，所以也沒什麼好訝異的。我最主要的感覺是羞愧，這種感覺卻縈繞不去。有趣的是，教師拿不到更好的薪水，這點我並不憤慨。我反而覺得自己無望地被拋在後頭，趕不上別人的腳步，生怕暴露自己的真實狀況。我納悶這是不是拿獎學金的孩子在校內的感覺——覺得自己戴雷朋墨鏡贗品和模樣昂貴的假珠寶都是在偽裝，直到有人問起他們之前上哪兒度假，才不得不承認自己整個暑假都待在位於夫拉特布什大道（Flatbush Avenue）的家。

那場口頭報告還有很多其他資訊，包括家長對學校各項服務的感受。到目前為止，學校受到最多認可的單位——家長和學生最欣賞的——就是申請大學諮詢辦公室。眾老師爆出掌聲，向那些工作賣力的聰明大學諮詢員致意。我並不嫉妒他們這麼受歡迎，但我替其他老師抱不平，他們天天備課，無論孩子狀態好壞都努力一起共事，在乎孩子到底學到了多少。整體來說，導師永遠不會是任何私立學校最搶手的資產（雖然有些人可能會很熱門），因為他們負責評分給成績——而有些孩子的成績並不亮眼。一路讓孩子讀到高二要十二年（或更久），而大學入學申請牽涉到和大學諮詢員合作，整個歷程僅為時一年，但家長看重這件事的程度勝過十二年間其餘的歷程。

◆

在曼哈頓、布魯克林和帕羅奧圖（Palo Alto）這些地方，將自己算進頂尖百分之一的居民相當廣泛，涵括了許多分類。

加州柏克萊大學的伊曼紐・沙茲（Emmanuel Saez）和蓋布瑞・薩克曼（Gabriel Zucman）指出，截至二〇一二年之前的三十五年間，頂尖的前萬分之一者宣告的收入跳增了四倍，頂尖的百分之一則增加三倍。想要成為在「占領華爾街運動」（Occupy movement）期間嚴重引發眾怒的百分之一這群人，你必須賺進三十八萬六千美元（二〇一四年），但是如果想要成為頂尖的前萬分之一，你必須進帳一千五百萬美元。我所在的學校，家長平均收入得以名列頂尖的前千分之一至千分之五。當然，這是全國的統計數字。為了能夠躋身於紐約的前百分之一，你必須賺進一百五十五萬美元，而這群高譚市（Gothamites）[9]上流人士的平均收入是八百九十八萬美元。

雖然這些研究是來自COVID-19疫情之前，但，很明顯，這場疫情只是擴大了貧富之間的鴻溝。資源豐富的私立學校提供健全的遠距課程，許多公立學校卻提供不了什麼，或是即便提供了，但那些家裡沒有網路或電腦的貧困孩子也無法享有。富人可以去懷俄明州等安全之處避鋒頭且遠距工作，有時還能替自家孩子僱請私人教師，但不少貧困的人卻必須在人口密集的城市裡工作，暴露在病毒的威脅中。

位居前萬分之一的人，很多是經營自己的事業，約有五分之一的人在金融業服務，包括私募股權和避險基金，他們一直都能夠利用有限責任公司以及小型企業股份公司的個人稅率，避免繳交一般公司的更高稅率。美國高收入的集中地就在紐約市，大約有百分之十二的富豪住在這裡，那些高淨值[10]收入的個人則有百分之五住在洛杉磯。

結果是，在蘇活、上東城、布魯克林高地、鄧波區（Dumbo）[11]和其他地區裡，有大量的人處於個人財富的同溫層裡。紐約市裡的財富過去曾經集中在曼哈頓，現在觸角深入了布魯克林和皇后區逐漸仕紳化的有趣街坊，甚至開始出現在史坦頓島和布朗克斯。現在，像在王冠高地（Crown Heights）和格林堡（Fort Greene），鄰里間的大家過著平行生活，社會住宅隔壁的店家銷售著上百美元的白蘭地，二十多歲的信託基金兒（trustafarians）[12]喝著高級咖啡Stumptown Coffee，與家族久居此地好幾世代的長者比鄰而居。有一年，我看到參加學年初期校內排球選拔賽的兩個女生在聊自己來自哪裡。一個說「上東城」，另一個說「貝德—斯圖（Bed-Stuy）⑬」。兩人都是金髮，高挑、運動型，外型一模一樣。隨著每年過去，鄰里變得愈來愈相似。

我任職學校那種平均收入的算法當然有瑕疵，無法如實反映許多人的生活方式。有些收入極高的人會衝高平均值，表示有不少家庭其實生活水平較低。但超過五萬美元的學費表示，這些家庭裡有不少經濟狀況都滿好的，好得難以想像。紐約市很多私立學校有大筆捐款，至少可以提供部分助學金給百分之十五的家庭，但大部分家庭必須在財務上遊刃有餘才可能考慮送孩子進私立學校，除非他們透過入門計畫（access program）入學——這種計畫能協助其他背景的孩子爭取私立學校的教育獎學金。

直到二〇一七年，二十多年來，各州私立學校學費成長的速率超過了通膨，負擔得起這樣學費的人，只有少數贏得獎學金、少數可以結合部分助學金加上極大犧牲者，以

⑨ 譯注：高譚（Gotham）為紐約的別稱。
⑩ 譯注：原文High-net-worth指的是擁有至少一百萬美元流動資產的人。
⑪ 譯注：Down Under the Manhattan Bridge Overpass的簡稱，就是曼哈頓橋下的區域。
⑫ 編注：泛指享受另類生活方式的富人子弟，不必擔心金錢和工作等問題。
⑬ 譯注：Bedford-Stuyvesant的簡稱，是布魯克林最接近庶民的生活區域。

及那些屬於前百分之一的人。

許多以全國標準來看算富裕的家庭，也會接受助學金，部分是因為他們的孩子一旦通過入學審核，校方便會盡力提供援助。有些家庭同時負擔幾間房子、有好幾個孩子都上私立學校，因此也有不小的財務負擔；表面上看來經濟無虞的家庭，學校也同樣會提供助學金。

有個有趣的趨勢就是，比起較窮的人，全國的富人生養更多孩子——跟上個世代恰恰相反。我工作的許多家庭裡往往育有三到四個孩子，取了中性的名字，感覺像是J. Crew服飾舊目錄裡才會出現的那種裝飾花押字（monograms）：杭特、傑克森、德凡、泰勒。百分之一的人占有較大一塊的經濟派餅，也會花更多錢在保母和托兒上，而且可以投注更多資源給孩子。因此會有Lincoln Navigator品牌的旗艦休旅車停到私立學校前面，一口氣放下好幾個孩子。擁有超過一個孩子在校就讀的家庭，往往更受校方的喜愛——他們代表更多學費，對機構的忠誠度也會更高——而且來自大家庭的孩子，往往是最富裕的那些。

兩個孩子恰恰好、母親進入職場是七〇年代的風潮，現在富人裡常見的是讓女性留在家中的大家庭。這些女性會發展成超級媽媽，載送孩子去練習運動、家教、看醫生，而她們的丈夫在金融業，將自己奉獻給職場。

這些女性毫不鬆懈，不像我在家裡那樣。她們不會吃現成的微波食物，也不會有髒到令人尷尬的貓砂盆。她們不會錯過親師座談會，更不會拖到五天後才去收老師寄來的電子郵件。她們不會錯過巡遊賽隊練習，也不會忘記帶孩子去看過敏醫師。她們全心投入自己的家，或者是好幾個家，也全心投入健身，賣力的程度有如我當初一心完成研究所學業那樣──那是她們的計畫、她們的熱情、她們的任務。小考沒考好的孩子，會讓這些孜孜矻矻的女性掛不住面子，她們的世界有諸多層面是由性別劃分的，如同一九五〇年代的世界。

我在工作上通訊來往的家長，有百分之九十是母親。偶爾，我會遇到積極參與的父親，但負責打理孩子學校生活、僱請和管理家教的，絕大多數是母親。這些母親通常受過良好教育，上過赫赫有名的學府，認真看待親職。我跟她們差了十萬八千里。我的兒子從新生兒、學步兒到讀幼兒園為止，天氣開始變冷時，他都穿著過長的褲子，部分原因是他不肯一起逛街去店裡試穿，他的頭髮也老是長到戳進眼睛（有些托兒所的老師很客氣，會用髮夾固定他的頭髮，暗示該要修剪了）。我能拿出來說嘴的小小勝利只有──幾口橘子經過他的臼齒，順利進入他的胃囊；三歲時就去上畫畫課；跟著不會說英文的女性學唱歌，卻也學會了如何正確呼吸，讓聲音流動。

很多在私立學校任職的老師，就像我，一般來說，和那些與我們共事的孩子相同，家境都還算優渥。我們受過良好教育，有幸能夠跟孩子共事。私立學校的學生，整體來說，學習動機很強；私立學校一般也不會遇上很多公立學校師生會面臨的暴力情況。但是在私立學校，教師和學生家庭收入之間的差距——尤其在紐約市——在孩子的教育上是個值得思考的變數，它會影響學生家庭和教師之間的互動，更會影響許多（縱然不是全部）學生的觀點。

◆

紐約市的教師愈來愈不自在，因為當中有百分之九十九的人處境窘迫，必須在眾多兩房公寓要價一百多萬美元的行政區裡找到住處。我在一九九〇年代中期抵達紐約市時，住在一棟迷人的上東城建築，那條街道連向橫越中央公園的地下通道，而通道可以通往西區。女明星洛琳．白考兒（Lauren Bacall）是我的鄰居——至少在同一條街上——而我幾乎天天都會看到在電影《現世戀》（*The Brothers McMullen*）裡飾演弟弟的演員走來走去，似乎在等經紀人的電話。後來，我在布魯克林科布爾丘（Cobble Hill）的一棟褐石樓房裡租了個寬敞的單位，街道有樹木夾道，久居此地的義大利後裔在七月四日國慶時還會恣意施放煙火。

二〇〇七年左右，在不曾真正破掉過的房地產泡泡期間，紐約住房的花費迅速飆升，我只負擔得起布魯克林的兩房公寓，樓上住了個頗為成功的毒販，而建築裡最常出現的訪客是個耳朵開花的男人（酒吧幹架的結果）。那棟建物是那種戰後（也就是波斯灣戰後）常見的風格，外觀只能形容為刺眼，平扁的磚砌立面上布滿空調套管。

後來，我改租另一棟搖搖欲墜的布魯克林木造房屋，只有半套暖氣的地下室，磁磚地板冷冰冰，門廊上的洞大得可以讓雪貂鑽過去。房東住樓上，他們嚴重欠債，一次會把空間讓給**來賓**（他們這麼稱呼）好幾個星期，其實是短租公寓的顧客。先是來自比利時的一對夫婦跟戴著眼鏡的成年兒子，他們大部分時候都不在家，但後來有幾個法國來的樂手，轟趴開到凌晨三點，在一個以槍戰出名的街坊裡竟然任由屋門洞開。之後，我住進皇后區，四周淨是百元商店、破敗的醫院建築以及按摩院。我要去任職的學校得花一個多小時換兩次地鐵，有不少老師也都必須住在城市周邊。紐約市私立學校所在的鄰里——上東城、格林威治村、布魯克林高地、公園坡（Park Slope）——老師們根本住不起。這些教師和學生之間有著地理與經濟上的鴻溝，而隨著時間過去，鴻溝愈來愈大。

這些老師的教育程度往往與學生家長不相上下，甚至受過更好的教育（只是無用武之地），卻踏上了不同的職涯，收入只有家長的十分之一到七分之一。事實上，我最常偶遇哈佛男女校友的地方，就是我工作過的各所私立學校的申請入學辦公室。在這些不怎麼光彩的時刻裡，我將自己想成**幫手**——像是《唐頓莊園》劇集裡住在樓下的那些人之一——而不是上門參加派對的賓客。

為了維護自尊，私立學校老師有時不禁有點傲慢。在我工作過的一所學校，某個老師總愛嘲笑家長錯誤連篇的電子郵件，這就是他在工作上覺得高人一等的方式，同時想方設法賣掉自己創作的影視劇本。很多私校老師都將孩子送到自己任教的學校就讀，孩子可以省去或減免學費，這表示他們也是學校家長。一般而言，教職人員的孩子也是少數紐約市中產階級的部分成員，而這個族群正日益縮減。

紐約市私立學校的收入配置有時會對教學產生影響。一個小學二年級班級必須用鞋盒來做恐龍的仿真模型，而孩子一直拿裝在Manolo Blahnik名牌鞋盒裡的暴龍來炫耀。還好二年級生渾然不懂（或者說，至少希望他們是真的不懂）他們鞋盒上那個明亮的品牌名稱和商標的意義，而更加著迷於他們的乳齒象和翼手龍，這樣也沒錯。不過，隨著孩子年紀漸長，便愈來愈難將收入的影響阻絕在教室之外。

我在校擔任高二的歷史老師，曾回應學生關於何謂「炫耀式消費」（conspicuous consumption）的提問。對我而言，要傳達這組詞彙的意義，困難得出奇。我努力提出的定義都不管用，因為**花錢讓人看出你多有錢**這個簡單的定義，對教室裡的孩子來說根本不言自明。我給出標準的定義時，他們持續盯著我，彷彿在說**花錢當然是為了讓別人**

**看出自己多有錢啊，呆瓜！**接著我決定舉些鍍金年代（The gilded age）[⑭]炫耀性消費的例子。「在這個時候，我們會想到紐波特、羅德島和第五大道。」我說，對自己頗為滿意。我用了第五大道作為鍍金年代不知節制的例子以後，看出一位學生浮現不自在的表情，但並未仔細思考。當天，晚些時候，我走在第五大道準備去上家教課時才意識到：**噢，我的天，對他們來說，第五大道並不是一個象徵或範例。不是來自過去，而是他們目前所住的地方！**我在風中脹紅了臉，開始領悟到自己認為天經地義的事情，與他們並不相同。

我在學校教授高二的歷史課上到工會單元時，在教室裡更顯格格不入。我的家境雖然優渥，但祖父母可是死忠的工會成員。我的祖母是醫院員工工會組織「1199」的領袖，我愚蠢地認為工會在紐約市理所當然會得到普遍支持。學生反駁我。

「我爸說，工會對生意不利。」有個學生強調。

「工會讓事情變得更花錢。」另有學生補充。

身為新老師，我對學生長篇大論了一番，說明窮人忍受壓迫到一個程度就會揭竿起

⑭ 編注：泛指一八七〇年至一九〇〇年期間，這個時期的經濟快速增長，也成為美國華而不實的物質主義和政治腐敗的時期。這個詞彙最早是出現在作家馬克・吐溫於一八七三年出版的同名小說《鍍金時代》。

義。這一點，不管我說多少次，大部分學生都當成耳邊風，而我頑強地將其作為一貫教誨。我初次提起時，學生臉色一沉，我很遺憾自己的教導讓這些年輕的靈魂感到沮喪。後來，他們會交換心照不宣的神情，彷彿在說，**葛羅斯伯格博士今天很暴躁喔**，接著就放空神遊去了。有個我最喜歡的學生將之稱為「葛羅斯伯格博士之人生很爛然後你死翹翹之演說」。班上的其他學生——迦納和薩爾瓦多移民的孩子——什麼都沒說。我問他們有什麼想法時，他們只是聳聳肩。我想，他們一定有更多可以說的，但他們不想在課堂裡講。

大部分紐約市的私校家長，雖然有些想法與自由主義背道而馳，卻壓倒性認為自己隸屬自由派。在學校的模擬選舉裡，大家推想孩子的投票傾向會跟父母類似，民主黨候選人壓倒性勝過共和黨，就跟紐約市整體投票結果類似。在大部分的學校裡，家長擁護自由派的價值，不過有少數直言不諱的家長，他們的認同較為保守，覺得自己的聲音未被聽見。

身為自由派以及送孩子讀私校（而非公校）的家長，很多會為了協調兩者而對學校極為慷慨。除了捐錢幫忙提供助學金給其他學生，他們也會熱情投入募款活動。有個好心的家長甚至替孩子學校裡所有的老師支付布魯克林博物館的入場費。

在紐約市的私立學校裡，很多家長都是雄心勃勃、剛踏進財富世界的新貴，就像小說裡的蓋茲比，其他則對富裕世界有長久的認識。

瓦倫，一個患有注意力不足過動症的高中男生，我的家教學生之一，他出身的家族便歷經多代的財富，帶點蘇活區的波希米亞風。他的父母就讀於哈佛，祖父和之前幾代都是。他們的財富來自繼承——祖父曾經遺贈幾百萬美元給哈佛一間美術館——以及母親在華爾街的工作。父親是陶藝家，藝術品味佳，將家裡的不分隔樓面漆成鮭魚色。瓦倫的兩個兄姊都就讀哈佛，空氣中瀰漫著的疑問就是他能否也進得了哈佛。也許因為瓦倫父母來自大戶人家，態度異常放鬆。他們聊起瓦倫的教育時，總是將焦點放在他對所讀書籍的思考有多深刻、他是否好好練習大提琴，以及即將前往西班牙的交換學生計畫。他們的廚房餐桌上散落著一塊塊陶土、翻開的《紐約客》雜誌，而且幾乎永遠在家。所以他們交誼的地點不在餐廳，而是在自己家裡。我認識的學生家庭裡，能怡然在家者為數不多，他們是其中一個，他們的房子並不完美，但很有個人特色，有垂死的植物、爭取選舉權的古老海報、一架祖傳鋼琴。

◆

理解第五大道孩子的教養方式，就等於理解私立學校。紐約市前百分之一家庭的孩子幾乎全部就讀私立學校，雖然五個行政區裡的菁英特殊高中都有高品質的課程，包括史岱文森（Stuyvesant）、布朗克斯科學（Bronx Science）以及更新的布魯克林拉丁（以美國最古老的公立學校，波士頓拉丁學校為本），這些課程都很難進去就讀，而且通常只有高中層級。也有一些更好的公立小學，通常是在更時髦的鄰里，那裡的家長會捐錢資助親師會，並且付錢舉辦市府無法負擔的課程。全國有幾個地區的私立學校不用擔心招生問題，紐約市是其中一個。事實上，供遠遠少於求，部分因為公立學校通常人滿為患，缺乏資源，而有不少家長有能力也有意願每年為孩子繳交五萬美元學費，整整十二年（或者更久，從托兒所開始，花費幾乎等同十二年級）。

根據史丹佛大學的尚恩・李爾頓（Sean Reardon）和哈佛教育研究所的教授李察・莫南（Richard Murnane），博士班生普麗亞・姆貝肯尼（Preeya P. Mbekeani）以及安・蘭姆（Anne Lamb）所撰寫的報告，私立學校花費在過去幾十年的增幅大概有五倍，而中產階級的收入則毫無起色。這表示中產階級更難負擔任何型態的私立教育，即使是教會學校也一樣——通常教會學校的花費會少於一些非特定教派學校。過去幾十年來，私立天主教學校的入學人數逐步下降，這類學校過去投合中產家庭收入的學生。而今私立學校學生的出身愈來愈集中在同一階層：極度富裕。這些備享尊榮的圈子創造出了富裕孩子對待其他社經階層成員的態度，也就是李爾頓所謂的「同理落差」（empathy gap）。有如研究者所強調，收入不平等和種族不平等息息相關，富裕的孩子在教育過程當中，往往跟其他社經與種族族群的成員缺乏互動。私立學校雖然嘗試廣發助學金，吸引更多元的學生加入，但那裡依然是富人——以及白人——的天地。

紐約市私立學校的家長、老師、校方行政高層之間的互動，也跟大部分的公立學校不同。過往，私立學校家長可能會把孩子放在前門，跟校長握握手，僅止於此。今日，紐約市私立學校的家長卻想和孩子的老師有更多面對面的時間及互動。我曾經坐在布魯克林和曼哈頓的咖啡館，就在我任教或家教孩子的學校附近，不少次都聽見家長以非常認真的方式討論孩子的教師。他們耗費大量精力思考關於老師的事，分析怎麼做對孩子才是最好的。

長年以來，我對位居前萬分之一的家長有更深層的認識。私立學校的家長、教師、行政人員花很多時間在談話。身為這個場景的學習專家，我每天或每週常常會接到同一批家長的電子郵件或來電。我花很多時間跟家長會晤。在這個世界裡，並不時興許多大型都會公立學校的十分鐘年度會議。

家長將私立學校視為社交活動的一部分。在我工作的某間學校，家長載孩子來上學後，會坐在食堂裡喝上將近一小時的咖啡。在紐約市的其他學校，家長（主要是母親）送小孩上學後，也常會去附近的咖啡廳聚會閒聊。我上午十點左右到這裡喝杯拿鐵時，會聽到他們聊起我任教學校的老師和孩子。「普林戈老師不像萊森老師那樣，」有個母親說，「她似乎不了解我們家的萊克喜。」

「你們覺得勒納佩計畫（Lenape project）公平嗎？」另一個母親說，優雅地小口吃著綠茶瑪芬。「她一直到期限前一天才通知我們，我差點來不及出門去買我們需要的展示板跟陶土。」

「萊森老師就拿捏得很好。她會提早一個星期把功課內容放進資料夾，這樣我就知道要怎麼處理。」

「絕對沒錯。那天晚上，我去參加讀書會——勒納佩計畫截止的前一個晚上——我必須在九點半趕回家把陶土塑形成長屋，杭特為了做纏腰布把足球襪都扯破了。我想我今天要破戒，多吃一個瑪芬。」

這些家長喜歡掌握孩子學校的動向，參與孩子的作業，而他們有無數機會可以這麼做。他們可以打電話給孩子的顧問——這個教職人員負責監督該位學生的學業表現、課外活動和福祉——多頻繁都可以。還有咖啡聚會、一人帶一菜派對、募款會、節慶、多主題會談、學校志工活動。家長們甚至還會離開家長會的會議或排球比賽，晃去那些給孩子作業差評的老師教室裡。有一次，我開完會回到自己的辦公室，發現一位學生的父親坐在我的沙發上，但是他事先並未跟我預約。他只是之前跟另一位老師會面，就順便進了我的辦公室等我。

雖然大家普遍不贊同這類即興的會面，但紐約市私立學校會提供大量的顧客服務給家長。例如，如果孩子預期將拿到公認不好的成績——一般來說，那就表示低於B⁻——老師就必須預做準備，提前發給家長大量通知，並提供孩子足夠的機會改進。這點就諸多方面來說，是種公平的作法，老師不能直接丟壞成績給學生，但也讓許多家長為了C或更低的分數產生爭執，只因為他們表示自己沒有事先接到通知。

這些家長擁有必要的資源，也有興趣密切投入孩子的學習。他們對教育的行話瞭若指掌，會參加如何協助孩子學習的工作坊。他們跟孩子老師一起坐下會談的時候，可以針對學生的學習歷程（learning profile）輕鬆暢談一個鐘頭。例如，有個母親在會談上讓我吃了一驚，她說：「比起編碼，我女兒更擅長解碼。」她知道學習閱讀歷程的錯綜複雜，而且不只她如此。很多家長會僱用評估員來估量孩子的學習風格，評估員的書面報告索價往往超過四千美元，而保險公司通常並不給付這種費用。

私立學校的家長會分析孩子的大部分決定，而且做得謹慎小心。從我帶油印紙回家讓我父母勾選讓我修西班牙文或法文至今，教育已經有了長足的發展。今日，父母會仔細考慮，哪種語言更適合自己的孩子，在做決定前會有一連串的對話——跟孩子的老師、評估員以及其他人。許多私立學校也會提供中文和拉丁文，而這些語言在父母做出最終決定以前，都是可以考慮的選項。家長會衡量像中文這樣的語言是否能讓孩子在未來有經商機會，但現實上，少有美國高中學生的中文流利到可以在北京點肉包，更不要說談一筆生意了。

每年，家長都會積極討論孩子修些什麼課程——以及在什麼級別。有些人會努力爭取「加速課程」（accelerated classes）或「大學先修課程」（AP）[15]，雖然有些私立學校已經捨棄大學先修課程，因為校方意識到只能安排某種課程會對治學造成束縛，他們希望可以自由選擇教學內容。他們常常會在春天跟老師會面，討論自家孩子在秋天會做的選擇，而學年一開始，他們也會跟孩子的顧問、老師、教練會談。家長會發電子郵件給孩子的顧問，針對各事各物，從極小的細節（像是弄丟的一本書）到較大的細節（像是孩子跟某位老師關係緊張）無一不談，而有些家長天天都與老師保持聯繫。這種關係往往帶著敬意，有時則激發衝突，起因往往是家長直接去找行政高層，給老師下馬威。

家長不滿意孩子拿到的成績時，往往會越過老師直接去找行政高層。我教歷史的時候，就碰上了這樣的事。有個以前拿過B（但很罕見）的男生寫了篇報告，文不對題，但是他分析能力頗佳也頗為努力，我還是針對報告的優點給了他B的成績。結果直接找上門來的不是家長，而是行政高層，他告訴我，那位母親打電話給她說：「我兒子的書面報告從沒拿過B。」我在學校資料庫迅速做了點研究，意識到家長的說法顯然不是真的，但行政高層從她跟家長間對話紀錄直接摘出一串家長的句子，朗讀給我聽；她將兩人的對話一字一句抄寫在活頁紙上。她請我——不，她指示我——重讀那份報告。

我這麼做了，熱切希望可以找個理由拉高評分。不過，讀完之後，這個學生的作品仍然偏離主題，而我給的成績還有點高到不合理。我維持原本的成績評分，沒找那位母親商談。其他老師警告我，行政高層可能會更動這孩子最終的學期成績，但最後並未真的出手。那個行政高層後來不曾再提起這件事，但那個學生學期餘下的時間，對歷史的觀點也十分狹隘。

◆

位居前百分之一的人跟私立學校的互動方式，和其他紐約人跟公立學校的互動方式，有天壤之別。例如，莉莉的管家露比送兒子馬爾坎去讀布魯克林弗拉特布希的公立學校。馬爾坎是個聰明的男孩，但用功讀書的動機不強。他成績單上的科目過不了，露

⑮ 譯注：Advanced Placement的縮寫，意思為「進階先修課程」，又稱大學先修課程，由美國大學理事會贊助和授權的高中先修大學課程。

比不見得都會得到事先通知，他連續幾年都被學校要求上暑期班，因為學年期間表現不佳。這個訊息通常會在學年末尾，來得出其不意，讓單親的露比大吃一驚。馬爾坎跟他的老師都不特別親近，雖然他客氣有禮，但在大部分的課堂上都很沉默，垂著腦袋。露比每年跟他的老師會有一次十分鐘的會談，但當天她必須上班（在私立學校，家長能在方便的時間出席，但公立學校的家長通常無法享有這種便利）。她認為馬爾坎在某個時間點可能會拿到美國高教證書（GED），然後跟父親一起工作，他父親是布魯克林另一所公立學校的工友。

露比自己正在布魯克林的梅德加艾佛斯學院（Medgar Evers College）攻讀副學士學位，她想到小學擔任教師助理員或助手。她在星期六的早晨修一門課，我去上家教時，她會坐在玻璃飯桌上讀書，準備歷史通史課要考的內戰內容。她的大女兒卡珊卓在公立學校表現優良，贏得了紐約市立大學的獎學金，但露比不大確定要拿馬爾坎怎麼辦。她為了測驗啃書的時候，嘆氣聳肩，並說：「他得自己想條路。」

在那個時刻，莉莉的數學家教正要離開，所以我得以跟露比閒談幾分鐘，我還滿喜歡這樣的閒談，然後就要進去替莉莉上課。莉莉跟露比一樣正在研讀內戰歷史，她必須讀南卡羅萊納州婦女瑪莉·伯金·切斯納（Mary Boykin Chesnut）所寫的第一手資料，瑪莉嫁給了邦聯軍官，在戰爭期間寫了本栩栩如生的日記。我們會一個字一個字讀過，好讓莉莉理解文本以及複雜的脈絡。同時，露比只能自立自強，在隔壁房間，獨自研讀美國內戰的那些重大戰役。

莉莉和露比在相鄰房間各自用功的對比身影，顯示了不是所有的紐約客都過著甜蜜生活。在這個與其他八百五十萬人摩肩擦踵的城市裡，大眾為了生存下去，無比勤奮地工作。當然，身為莉莉，比起身為露比，風險低得多，露比住在姊妹位於布魯克林弗拉特布希大道旁的地下室，原本甚至沒有健康保險，直到歐巴馬強制納保。

不過，這不表示紐約當今的富人就能高枕無憂。今非昔比。

我的丈夫在一九七〇年代和一九八〇年代初期讀的是私立學校，當時的家長對孩子學校的參與程度低得多。除非原本在家長協會裡就很活躍，否則最多是去參加開學後的親師會。我的丈夫在進入新聞界之前，是在普林斯頓大學，他說只花了五分鐘準備SAT，只有第一回合考不好的孩子會去找一位八十幾歲的家教老師求助於SAT的數學題目，考第二次這種事幾乎前所未聞。他們主要的憂慮只有在離開學校附近的電子遊樂場時，鄰居小鬼會用鐵鍊攻擊並搶走他們的錢。當時面臨金融災難的紐約市區因為郊區化而逐漸清空，市內私立學校的學費比起現在相對便宜，我丈夫就讀的私立學校，有一部分的學生家長是教授和靠演出勉強餬口的演員。他在高四的時候，大學諮詢員對他吼道：「去讀普林斯頓就是了！」我丈夫聽命行事。就我來看，他的大學申請諮詢過程就到這個程度，部分證明他個人的學術能力，部分證明他的紐約市私立學校和普林斯頓入學單位之間存在著暢通的管道——這條管道已經不如以前那樣平順了。

相較之下，那些幸福美好的日子已然遠去。百分之一的人勤奮工作，百分之九十九的人同樣勤奮工作。富裕人家當年不費吹灰之力的大學入學，已經被國際競爭所取代。父母不再安於微醺的午餐，而是集體前往Soul Cycle單車運動中心，在那裡奮力踩輪減重。這不是個自我縱容的世代，而是對個人在世界上的位置感到焦慮的世代，個人的後代最能象徵這個現象。孩子不如你我過去那般自由，而是被雕塑成父母想要的樣子。

一九七〇年代，我的丈夫還是個十歲的小不點，在紐約市騎著單車竄來竄去，當時確確實實有被搶劫的風險；今天，孩子由一群專家輪流從一個地點趕往下一個地點，沒空在曼哈頓騎單車遊蕩（反正家長也不准）。他們既不認識自己的城市，也不具備早先世代擁有的街頭智慧。雖然這城市其實比山姆之子（Son of Sam）[16]的世代更安全，但對環境有所掌握還是值得的。我曾經教過一個男孩，身高約莫一百六十五公分、體重五十四公斤左右，有一次為了準時趕上他的袋棍球練習課，在哈林區公園大道鑽過火車鐵軌的地下通道。他遭到兩個男孩突襲，手機不到一分鐘就被摸走。他事後承認：「我想，我不該走那條捷徑。」許多孩子是由專業司機載送或搭乘Uber，根本就不必搭乘市區公車或地鐵。

父母為他們擔憂。這個時代並非安詳的時代，而是人人都處於發狂邊緣的時代。家長透過簡訊時時保持聯繫，小至九歲和十歲的孩子都擁有自己的手機。家長會得到孩子成績的通知，只要電子成績單輸進低分，家長就會立刻傳簡訊給孩子。富人沒時間好好呼吸，除非是穿著lululemon[17]的裝備上熱瑜伽課。

這些家庭的行程，光是用聽的——而非實際按表操課——就讓我疲憊。在私立學校上班、上家教、送兒子上床睡覺，這樣整天下來，還能在Hulu影音串流平台看影集《陰陽魔界》（*Twilight Zone*），我已心滿意足。但這些家庭卻奮力不懈。他們投入社交生活、出席慈善派對、從事深夜運動練習（以曲棍球隊為例，練習時間據說是夜間九點到十點，因為只有那個時候能在冰上練習），睡眠比較像是臨時起意，是較不富裕者的奢華享受。位居前百分之一家庭的孩子們，體力透支的問題受到忽略。我記得有個母親身上掛滿昂貴的珍珠，告訴我：「我在聖誕節假期只顧著呼呼大睡，我累到骨子裡了。」

家長並不會關燈要孩子去睡覺，就像在喜劇影集《脫線家族》（*Brady Bunch*）[18]時代的父母那樣。我要是想用功到晚上十點半過後，我爸媽會叫我好好生活，快上床睡

⑯ 譯注：「山姆之子」為伯科維茨（Richard Berkowitz）的化名，他出生於一九五三年，一九七六年起在紐約街頭隨機槍殺路人，一九七七年八月落網後遭判六個無期徒刑。

⑰ 譯注：加拿大高端瑜伽服飾品牌，創立於一九九八年。

⑱ 譯注：一九六九年至一九七四年，於美國ＡＢＣ電視播出的情境喜劇影集。

覺。後來我成為工作狂，他們勸我在生活中找出平衡。這些孩子學到的教誨不是這個。家長任由他們熬夜，隨著一星期往後推移，孩子開始解體。莉莉尤其在星期三要進入星期四的時候變得特別愛哭，而每逢星期五，不少人會在學校情緒崩潰。連高中生都能哭成淚人兒，這些往往出於徹底的疲憊。

想要這些孩子做事更有條理，睡眠更規律，說來簡單，但他們的人生規劃會讓這樣的建議幾乎窒礙難行。如果孩子在校隊練球，晚上七、八點才回到家，就沒辦法在合理的時間內做完功課，因為高中生通常得花三到四小時做功課。這些孩子也會在巡遊賽隊競技，週末原本可以用來休息或搶點下週功課的進度，結果也把時間花在錦標賽和交通往返的巡遊賽程。他們年輕生活的步調宛如公司總裁，睡覺是他們花不起的奢華享受。

失眠是偷走第五大道居民睡眠的妖魔鬼怪，連孩子也不例外。腦袋整天沒有時間休息或消化，就會逐漸失控。研究者發現，生活充滿壓力時，孩子的身體會承受失眠、胃痛和其他問題之苦。七年級的孩子，每天早早起床，經過一整天安排校內與校外巡遊賽隊的運動，整夜輾轉反側。有時候，這些身體不適讓他們可以到學校護士那裡小睡一下或當天請假留在家裡，而這是家長可以接受——也許是唯一可以接受——的方式，讓孩子可以暫時走下旋轉木馬般的忙碌生活。

我最初開始在紐約市私立學校工作時，就曾因為家長的怒氣和焦慮而大吃一驚。可是，現在，我明白是什麼樣的人生帶領他們走到這個節骨眼。如果孩子有學習問題，他們的道路會特別充滿焦慮。在以前，學習問題通常不會診斷出來或得到理解。現今，甚至早在上學的最初幾年，當孩子明顯無法養成串連聲音與符號（sound symbol association）[19]的能力——這是學習閱讀的必要條件——便可以接受學習問題的評估。

當今的老師對學習問題有豐富的知識，很多家長也是，而他們急著學到更多。但是，在紐約市，治療這類問題非常昂貴。若是想針對個人進行教育調整（educational accommodations），例如拉長測驗作答時間，孩子必須每三年左右就得接受神經心理學家或心理醫師的評估。費用大約五千美元，有時會高達一萬美元。在紐約州，保險通常不支付這類的花費。這表示付得起這類評估的家長就能順利取得服務，而其他家長必須有所犧牲和背負壓力，才能為孩子在私立學校裡爭取到那些調整。

在美國的其他區域，家長可以請公立學區提供這類的評估，但紐約市教育局有極長

⑲ 譯注：亦簡稱為「形音結合」。

的候補名單，幾乎不可能等到。就像城市生活的諸多面向，要讓自家孩子有機會得到調整，只有富裕人家才辦得到。

可是那依然不表示，有學習差異的孩子在紐約市私立學校就讀是簡單的事。那表示必須時時確定孩子的老師（不見得受過特殊教育訓練）明白孩子的思路和需求，也表示要跟「認為有學習差異就是無法跟其他孩子在學業上有同等成就」的老師百般周旋——雖然這樣的態度已經比二十年前罕見。大部分的私校老師，尤其是任教高中等級的那些，都針對自己的學科受過訓練——歷史、數學、生物或其他領域。他們的訓練不是要理解閱讀障礙、ADHD或自閉症類群（autism spectrum disorders）。因此，私校家長常常必須付錢讓孩子得到校外的協助。他們必須花不少時間教育導師有關自己孩子的需求問題——除非有優秀的學習專家參與其中。

如此一來，面臨學習議題的學生家長們，有時火氣會滿大的，尤其在孩子進入高中之後。他們也會想在孩子的個人簡介上玩很多花樣，有時候他們自認為了孩子好就拿出來，而在其他時候為了便利而隱藏起來。

蘇菲被診斷出跟語言有關的學習問題，但她父母絕口不提，最後那所國中向他們施壓，要他們轉學。多年來，他們都知道蘇菲的障礙，也在校外尋求協助——學校高層並不知情，蘇菲的父母認為，要是讓學校高層知道蘇菲到國小三年級還不大能應付聲音和符號的連結，肯定會要她另覓學校。他們隱藏自己孩子掙扎的程度，不想讓老師知道。他們已經在學校顧問身上花了兩萬美元，蘇菲在五歲時，為了進入那所學校就讀，就已經為了ＥＲＢ[20]「修正智力測驗」上過家教課程。她的父母覺得不大可能把她送進同樣水準的別所學校，讓她留在原本這所更安全。

蘇菲在六年級的時候讀得很辛苦，她必須完成跟當時家教（不是我）一起完成的高品質功課，但因為讀不懂內容導致閱讀小考幾乎每次都考砸。學校高層跟她的父母開過好幾次會。她母親瑪莉亞後來稱那個階段為**動盪時期**，聽起來彷彿一九七〇年代北愛爾蘭的貝爾法斯特。她盡可能的拖延時間，想讓整件事看似是蘇菲老師的錯（一次是發了錯誤的《奧德賽》刪節版給蘇菲，另一次是忘了在測驗上給她額外的作答時間，還有一次是忘記在她缺席時將指定作業傳去給她）。好一陣子，這些事情成了便利的標靶，瑪莉亞變成審視女兒環境的專家，隨時準備揪住稍有一點走樣的地方：太多天沒來學校的老師、其他學生不欣賞的老師、準備離職的老師——任何可以幫她創造煙霧彈的事情，

---

[20] 編注：這個實施近半世紀的ＥＲＢ（Educational Records Bureau，即教育檔案局）考試，堪稱是紐約許多四、五歲孩子的童年儀式，也讓孩子成為父母的炫耀而引發爭議。該項考試的準確度也曾遭到質疑，因為得到高分的孩子比例太高。

以便用來遮掩她女兒學業表現和背後的真正原因。

不過，當煙霧散去，蘇菲應付不了功課的事實仍昭然若揭，不管誰拿《梅岡城故事》或《烈日下的詩篇》（*A Raisin in the Sun*，暫譯）測驗她，她對自己讀過的東西毫無記憶。在那一刻，瑪莉亞才將女兒的評估報告提交給學校，順利拖延了一點時間。學校很樂意接到這樣的資訊，這能協助他們理解蘇菲的現況，他們請瑪莉亞僱請閱讀專家，她也照做，後來僱用了學習專家——就是我。蘇菲學習怎麼唸出文字或解讀文字，以及如何為了意義而閱讀，久而久之，蘇菲有了改善，晉升成為成績$B^+$的學生。

不過，這所謂的動蕩時期依然為瑪莉亞和她丈夫帶來傷害。他們變得不信任女兒的學校。校方年度募款時，他們慷慨解囊，認為自己一定要持續跟學校打好關係，但也覺得女兒的老師隨時準備要突襲女兒，指出她的弱點，將她拖出學校，強迫她到較差的機構就學。隨著蘇菲漸漸邁向大學，這對父母前後投注了幾十萬美元的學費。他們希望她可以從目前的學校順利畢業，即使表示在她畢業前，他們都要活得提心吊膽（這些憂慮現在純粹是他們的想像，因為在學校裡沒有老師認為她畢不了業）。結果，即便他們相當富裕，過著以任何人的標準來說都算奢華的生活，有埃及棉床單、頂級休旅車、喀什米爾披肩、豪華高樓大廈，卻不見得他們能在夜裡輕易安眠。

富人有他們自己的壓力，但以實際層面來說，很難理解富豪為何對孩子如此焦慮。

美國經濟學家拉吉・切提（Raj Chetty）和史丹佛的同事（他當時在那裡教書）發現，當孩子長大，他們的收入和父母的收入高度相關，而前百分之一的收入從第百分之九十七者的收入起開始扶搖直上。換句話說，如果你父母的收入位居前百分之三，你到成年時可能會賺進六萬美元，但收入位居前百分之一的父母的孩子，則會躍升至八萬美元（這是全國性的數字，紐約的前百分之一更加富有）。這些父母位居頂端的孩子，受僱機會更高（除了最頂端那些有信託基金者，可能不需要工作），而且更可能進入大學就讀。

頂端的百分之一，看似注定成功，但生活其中的體驗並非如此。反之，這些力爭上游的人——這些蓋茲比的子女，就像蓋茲比自己，一心想累積更多襯衫，舉辦規模更大的派對，追逐比他們現有的更大更快更好的東西。對他們來說，如同對蓋茲比一樣：長島之美，細沙綿延的海岸和樹影搖曳的海灣，只是更多焦慮和競爭的場地，而非能忘我沉浸其中的寧靜海岸。

以「學習」來說，相關性（relational）比大部分人想的更高，純然認知（cognitive）的成分則沒那麼高。所以如果孩子喜歡你，就會好好用功，大部分時候都是如此。我學到，家教關係的重點，就是在學生和我之間創造和諧。

# 3 創造和諧

我在麻州郊區成長，我的鋼琴老師是一位七十多歲的新英格蘭人，葛林太太（我們對待彼此的關係十分慎重，所以我永遠不可能直呼她的名字），她住在一間從一七三〇年代傳下來的簡樸鹽盒屋（Saltbox）[21]，當我終於練熟一首樂曲，她就會提供伴奏。說到音樂世界，我總是在黑暗中摸索。我不知道音樂的意義，需要花無數個星期才能用單手粗糙臨摹彈奏出簡單的樂曲。可是當我卯盡全力，在不用節拍器的狀況下彈奏出曲子，葛林太太就會用伴奏來款待我，讓我笨拙無感的雙手所彈奏出來的音符為之昇華。那就是我身為寫作家教，嘗試要做的事情。每個孩子彈出的音符都可以編織成曲調。他們不明白自己也能用文字製造出音樂，就像我當時不懂樂譜那些小小音符所帶來的神奇魔法，葛林太太卻能不費力地閱讀，並以靈活纖瘦的手指彈奏出來。

我感應得到學生生活裡的那種魔法，當他們開始用文字創造音樂，我會注意到。如果他們開始彈出某種即興樂段，我可以協助他們以自己的文字捕捉。很多私校老師覺得寫作家教是作弊，事實上，這跟專業作家運用的過程沒什麼不同。要一位作家離開自己的腦袋去理解讓他人入迷的事物，幾乎是不可能的事。需要有才華的編輯從湧出的浮渣中，辨識出一絲絲的白銀。連哈波．李（Harper Lee）[22]都有個編輯，在她的寫作底下搜尋，找出角色絲考特（Scout）在《梅岡城故事》述說的故事。她的編輯有如才華過人的女裁縫，在女紅籃子下尋找可用的繽紛碎布。

有的家教會替學生寫報告，這種狀況當然有。我在高中教歷史的時候，有些學生交上來的報告顯然就是研究所學生寫出來的。我興味盎然讀了一份高二生交來的關於越戰的報告，將轟炸柬埔寨與世紀中葉美國在男子氣概的急遽下滑連結起來。這份報告背後可能是歷史研究所學生針對美國男性命運發展出的複雜命題，交到十年級學生手中，絕

㉑ 譯注：新英格蘭地區的傳統屋形，通常前側兩層、後側一層，山形屋頂，木材結構，外形狀似昔日存放鹽巴的盒子，因此得名。

㉒ 編注：一九二六年～二〇一六年，出生於美國阿拉巴馬州，知名作家，作品《梅岡城故事》於一九六〇年獲普立茲獎。

對會毀掉。

我請那個學生用自己的話語口頭說明那個命題，學生吞吞吐吐：「就是，那個，美國男人，那個，覺得自己不像男人。轟炸柬埔寨的，那個，就是他們。」學生笑容勉強地看著我，彷彿那樣就足以填補這番說明裡的漏洞。

我催促學生解釋「男人覺得不像男人」是什麼意思，學生只能指出一個因素，就是工廠職缺的下滑。「男人必須證明自己，所以他們只好去柬埔寨丟炸彈。」學生以篤定的態度回答如此複雜的連鎖事件時，我還滿佩服的。當我指出這並未解釋越戰的起源，只有提到對柬埔寨帶來破壞的那部分，學生承認這點。「我原本要講到，可是時間不夠，」學生說，「我的家教今晚會過來，到時我們再處理這件事。」學生要我放寬心。

學生只要即將碰上寫作計畫或挑戰高的智性工作，通常都會跟家教約時間會面。有個學生的手機通訊錄裡甚至有**家教**一欄，還有**媽媽的司機**跟其他必要的幫手。雖然我不用這種方式工作，但第五大道有很多家庭多半時候都有一群家教來來去去。

我曾為一個四個孩子的家庭擔任過幾星期的家教，家教人數多到他們搞不清楚家教的課程表。我抵達的時候，其他家教往往還在場；為那個家庭的孩子擔任家教期間，我們幾個家教常常彼此互換同情的眼神。如果有個孩子正在跟另一個家教上課，那個家庭就會請我幫另一個我根本不認識的孩子上課。彷彿在按摩院工作或是擔任服務生似的。

這個家庭滿有趣的，因為那個母親有一天向我承認，「我在八年間生了四個孩子，就像旋風一樣，也許那就是兩個小的到現在都不會閱讀的原因。」她笑了。我最後決定不再繼續擔任這個家庭的家教，因為我永遠無法跟任何一個孩子有所進展，我通知那位母親說要辭職時，她回了封電子郵件，信裡只有語氣愉悅的一句話就結束了。我納悶那些孩子是否注意到，我已經不再去上課了。

不過這類的分流——身為某種速食家教，在孩子跟孩子之間周旋——並不是我想跟學生共事的方式。我想從他們身上汲取音樂，帶出他們工作成果的精華，這不只要投注時間，也必須認識孩子的人格和想法。我並不會強迫他們接受別人的想法或話語。他們的成果必須是原汁原味的東西。問題是，有時這些孩子需要協助的不只是找到用語，還有他們可以撰寫的主題。而第五大道長大的孩子，很少能感應到四周的魔法。

◆

我替奧莉薇亞上家教課的頭幾次，她倒戴著棒球帽，彷彿為了萬聖節扮裝成小賈斯汀，她猛地拉開蘇活區時髦開放式空間裡的衣櫃，裡面有幾十個透明盒子，全部都是運動鞋，一盒又一盒。簡直是藝術品，而不是穿在腳上的東西。奧莉薇亞的父母會買限量運動鞋給她——就是ＮＢＡ明星會在球場外穿的那種，通常要價幾百美元。而奧莉薇亞目前就讀七年級。

她在學校的時候，常常掛在手機上。她想看看最近哪些鞋款會上市。她的父母會透過「運動鞋頭」（sneakerheads）等類似收藏家的應用程式，選在正確的時間替她賣掉那些鞋子。她享受那種獲得一雙新鞋以及賣掉一雙鞋獲利時所帶來的腎上腺素飆漲的感覺。她是創業家，買賣運動鞋的時候，對於跟一整個世界的男性競爭無所畏懼。

奧莉薇亞的父母決定分開的時候，她拿到了更多運動鞋。她的嗓音沙啞——想像一下十三歲版本的明星凱瑟琳・透娜（Katherine Turner）[23]——但她展示自己的收藏給我看時，語氣會稍微起伏幾個音區。

「這雙是喬丹鞋一代史派克・李（Air Jordan 1 Spike Lees），」她嗓音粗嘎說，指著一雙黑藍雙色耐吉高筒鞋，側面有史派克・李（Spike Lee）[24]的照片。「我媽用三百美元替我買來的，而且只在布魯克林有賣！」

我自己上網研究了一下——我內在的憤世者懷疑那個標價——結果發現奧莉薇亞不只說得沒錯，而且那款鞋子還有奇怪的背景故事。那款鞋神似史派克・李在《美夢成箴》（*She's Gotta Have It*）裡做愛時穿的鞋子。這一切都讓我跟這個七年級生相處起來感覺彆扭不安。不過，她從來不曾主動提起那些鞋子的故事，只是將鞋子乾乾淨淨收在盒子裡。

奧莉薇亞的母親住在另一間公寓，過來拜訪時帶了雙鞋子。她在時尚產業工作，鞋類公司也有人脈。於是奧莉薇亞把母親來訪與離開時的痛苦跟得到一雙新鞋的興奮感，配對成雙。

學校生活對奧莉薇亞來說很艱難。她其實天資聰穎，但因為性格衝動、有閱讀障礙，不受大部分的老師欣賞。學校的行政高層對於她父母的爭執以及對孩子的寵溺感到厭倦。她的母親曾來參加一場親師座談，我也出席了，她因為要接受當地新聞針對時裝週的訪談，臉上還化著濃妝。座談期間，學校的助理校長持續將對話的球拋給我，因為她厭倦要求家長去做那些他們根本無法堅持完成的事情。

「所以，布萊絲，妳會陪奧莉薇亞坐下來，把她背包裡的東西好好整頓一下。」㉕她告知我。我點點頭，她又列出其他幾項落在我身上的職責。當事人父母則默默不語，彼此怒目相向。座談過後，家長離開了，我又花了半小時跟校方針對奧莉薇亞進行匯報。

㉓ 編注：出生於一九五四年，美國知名女星，曾獲金球獎喜劇類女主角獎。
㉔ 編注：出生於一九五七年，美國知名導演、製片人、編劇及演員。曾獲艾美獎及奧斯卡最佳改編劇本獎。
㉕ 譯注：背包裡的混亂可能也反應學習跟其他障礙，美國富人聘請的家教必須從生活細節開始處理，包括生活基本技能。

助理校長很愛這個學生，但厭惡她的母親。「她正在覓偶。」她提及那個母親，拉雜冗長像在說故事似的說那個母親正在尋覓新金龜婿云云。我則希望能多放點注意力在奧莉薇亞身上，因為她有這個需要。

奧莉薇亞的閱讀問題愈來愈明顯，面對課業愈來愈吃力——她的班級是七年級，正在讀《頑童歷險記》，這本書對那個年紀的孩子而言太複雜了。奧莉薇亞愈來愈焦慮，但她的父母願意無限量地買運動鞋送她，讓她很興奮。隨著運動鞋在衣櫃裡愈堆愈高，壓克力盒子發出愉悅的光芒，她語速飛快暢談這些鞋子，話語從嘴裡不斷湧出。我忖度那些盒子何時會開始崩塌。

每次家教時段進入尾聲，奧莉薇亞的眼神就會一改半閉模樣，幾乎永遠很糟的專注力也頓時聚焦起來，她會得意洋洋地挪開運動鞋盒蓋，讓我摸摸裡頭的皮製鞋子。不過，說到要書寫關於那些鞋子的事，她卻一個字也寫不出來。她焦躁不安，緘默無語，不知所措。但，一旦說起怎麼取得限量鞋子，如何收藏，如何販售，那些話語頓時從口中滔滔而出。我替她抄寫下來，那些全是她自己說出口的話。她之所以沒辦法寫，是因為她被自己的iPad嚇壞了。她有讀寫障礙，無法順利拼寫出大半文字。

她接受過閱讀專家的訓練，但並不持久。我告訴她的父母，她必須跟閱讀專家（不是我）密集共事，但她的衝浪、滑板和打鼓課成了妨礙。她毫無規律、拼字和標點符號錯誤連篇的作品從螢幕上回瞪著她。但這孩子還真能說。我所做的就是讓她開口，將她講的話記錄下來。接著，我們開始組織她講過的話，重新安排，並且用正確的轉折詞串接起來。沒有一個字是我給的，全是她自己的魔法，只是她自己看不出來。

部分問題在於觀點。奧莉薇亞不知道大部分的孩子並不會蒐集價值五百美元的運動鞋，或在時髦全白的房間裡，從地板到天花板一路堆滿透明塑膠盒。她不知道的是，大部分的美國孩子並不會擁有史派克．李在一部八〇年代電影裡穿的那款鞋。如果她意識不到自己多麼與眾不同，她就無法書寫這件事。

寫作者是個局外人，可以在各個世界之間遊走，而不屬於那些世界，但這個孩子無法在自己的世界中察覺到異化感。我必須做的只是讓她看出，為了無數原因，包括純粹的運氣，她過的生活足以產生一種獨特的樂段。

◆

莉莉也對自己世界的魔法一無所覺。她邀請我到豪華的布魯克林高地運動俱樂部去看國際女子壁球聯賽。鋪了地毯、桃花心木裝飾的俱樂部，球員處於整潔的玻璃方形空間中——讓我想到奧莉薇亞的鞋盒。莉莉以興奮的語氣說明這個傳奇女子聯賽的歷史——這是紐約每個壁球選手引頸期盼的活動。在這場比賽裡，紐西蘭來的女子跟精力充沛的埃及選手打對台。年輕埃及女子穿著無瑕的白色背心搭波浪裙，她那披著頭巾的母親則會為她加油打氣。

坐在箱型空間外頭的觀眾，他們的打扮比我去過的任何運動場合所見都更加精心。黃色鱷魚牌運動衫披在肩膀上，以保養良好的雙手鼓掌。他們一點都不會讓我聯想到一九八〇年代波士頓花園的人，我在那裡長大，在那裡看凱爾特人隊跟著破風琴隨便彈奏的猶太民謠〈讓我們歡樂〉（Hava Nagila）打球。那些壁球觀眾散發著昂貴香水和古龍水的氣味，安靜又體面。我生怕發出噪音。連球場上的選手也要符合淑女的期待。埃及女子贏球的時候，觀眾客氣有禮地鼓掌。

莉莉的世界看似毫不費力，就能得到妥當安排。

我在賽事之後返家，發現臥房角落的衣物卡在各種處理階段。那晚餘下的時間，我忙著處理衣物、替咖啡機去垢、結清帳單。工作週間，我過於忙碌，連這些乏味的家務都無暇處理。每天放學過後要去擔任家教，而週日空閒所剩不多，做不了多少事。有人能為壁球充滿興致的那個世界，卻讓我疲於奔命。我將特權時刻誤認為高峰體驗，而我相信我的學生和他們的家庭，正優遊自在地享受著永無止境的魔毯之旅。

只有到後來，我才領悟到，特權世界讓學生一樣疲於奔命，就像看完國際壁球聯賽之後的我。心理學家相信，孩子不應在年紀輕輕就體驗所有的「高峰經驗」（peak experience），因為等到年紀稍長，就不會有東西可以期待。不過，菁英紐約客的孩子擁有過那麼多特權經驗，他們能夠透過努力達成的所剩無幾。太早達到高峰告訴孩子們的是，自己不需要出力也能達到目標，孩子會對特權司空見慣。過多特權體驗也會讓孩子更容易陷入憂鬱，因為他們會覺得沒什麼事好做。

這樣焦躁不安的生活裡，寫作成為了莉莉的抒發管道。寫《羅密歐與茱麗葉》的作業時，她想著茱麗葉，父母強迫茱麗葉在十三歲嫁給帕里斯。我當初認識莉莉時，她只比茱麗葉大一歲。對於羅密歐與茱麗葉是否該成親，以及茱麗葉是否真的明白自己的心意，莉莉舉棋不定。

「她年紀太輕，不適合結婚。」起初莉莉這麼認為。

「她想離開父母，妳認為這樣對嗎？」我問莉莉。

莉莉從未想過要獨立自主。莉莉的母親是銀行主管，因為駕帆船而終年一身漂亮膚色，她走進房裡時，莉莉立即把身子坐挺。莉莉現在告訴我，「不，那是不對的，她的父母只是為她著想。」

「可是他們強迫她嫁給不愛的人，都沒先問過她的想法。」

「在茱麗葉的世界裡，每個人都那樣，他們是有錢人。」她提醒我。她適時地說，顯然並不想針對這點多加討論或辯論。她把身為有錢人跟身為孩子聽令行事兩者畫上了等號，這個事實對她來說根本不言自明，也無須辯論。

莉莉寫說，茱麗葉應該等著結婚；如果想避免跟帕里斯結婚的唯一選項是進修道院，那麼她就應該去。莉莉似乎想給茱麗葉一條出路：雖然並未擺脫父母的枷鎖、任性地嫁給羅密歐，卻也不需要勉強嫁給帕里斯。莉莉想創造第三道門或是逃生口，也許跟她想像自己可以找到的一樣：不用凌晨五點起床打壁球，同時也能取悅父母。

這樣的智性蹺蹺板對腦袋來說不錯。有些學生的父母向我抱怨過，寫作對孩子來說太難了。有位母親甚至告訴我，她兒子試圖寫作時還把身子蜷成胎兒的姿勢。毋庸置疑，過度掙扎對任何人都沒好處，但控制中的掙扎，這類不斷重複的自我懷疑，對青少年來說頗有益處，尤其是對焦躁不安的那些人。這會讓他們稍微放慢速度，讓他們的鍍金生活去掉一點光澤。這能教導他們探索表面底下的事物。

卡蘿．杜維克（Carol Dweck）的作品近年來相當流行，尤其在富裕的家長之間，她是《心態致勝：全新成功心理學》（*Mindset: The New Psychology of Success*）的作者。杜維克相信孩子可能進入定型心態（fixed mindset），因為很怕失敗，不想接受挑戰並追求進步。她鼓勵家長和老師培養孩子的「成長心態」（growth mindset），這樣孩子就不會以為自己的能力停滯不動，而是只要努力就會更上層樓。因此她建議，稱讚孩子的企圖，而不是成果，如此他們才會想要嘗試追求更多成就。相反的，只因成就受讚揚的孩子，可能會因為無法擁有更多成就感到害怕，停止追求。

杜維克的作品有如野火燎原，風行於富裕的家長之間。我們應該讚許孩子的努力而非成果，家長和教師都認為這樣使用杜維克的成長心態是正確的。這是往前躍進一大步沒錯，我們現在明白，必須鼓勵孩子面對挑戰、尋求改變，但是就像每個親職和教育潮流，按照杜維克自己的說法，這個也被誤用了。我們突然都急於要說、或假設我們擁有成長心態，卻不明白成長心態並不是大家時時都能擁有的。有如杜維克在《亞特蘭大》（*Atlantic*）月刊的一場訪談裡表達的，學生在定型心態和成長心態之間擺盪，尋求挑戰以及應付挑戰是一趟比大家理解中更漫長也更艱辛的旅程。

有如大部分的教育概念，這個也被擷取了捷徑。野心勃勃的教師和家長們，只想要規避學習的困難歷程。事實是，要理解孩子的學習歷程並非易事，有嚴肅深刻的變化正在發生時，表面可能完全看不出來。這個歷程並非線性，當然也會有倒退和逆轉。可是，家長想讓其看來像電影的情節開展，孩子坐下來跟有愛心的家教上課之後，就神奇地搖身一變成為名作家珍．奧斯汀。

當孩子的道路不被允許有失敗，而且成績不能低於A，要讓孩子自然成長且讓心智沿著學習與生活的真實路途崎嶇前行，就會變得相當困難。

許多家長聲稱，如果允許孩子成績拿B，孩子對大學的抱負也會隨之下降，這個想法可能部分為真。倘若孩子未來想進入菁英學校，成績確實必須拿到全A。而在私立學校要得到這樣的成績特別有難度，尤其如果孩子上的是進階課程。當家長斬釘截鐵表示希望孩子進入極度競爭的學校，不給孩子實驗的空間，更不能接受B或更低的成績——我真不知道要怎麼回答。

這是個更大的教育議題：大學的眼光一定要超越嚴格的「學業成績平均點數」（GPA），有些學校就是如此。同時，要孩子時時表現優越所造成的壓力對孩子會帶來很大的傷害。如果失敗不是選項，如果人的學習曲線永遠反映出快速成長，根本不可能達成「成長心態」。

這些表現的壓力，令形塑優質寫作、閱讀和思考的部分條件幾乎是跟第五大道的生活進程背道而馳。優質寫作可能需要無聊和挫折。要是珍·奧斯汀結了婚或是在家庭之外有份職業，很難保證她還能成為這樣敏銳的作家。她可能無聊到要掉淚，在某個英格蘭多雨的冬日，穿著戳著肋骨的緊身胸衣，坐在英國巴斯（Bath）住所的客廳。她可能覺得挫折心煩。肯定的是，她不會像莉莉常做的那樣，搭上私人飛機飛去加勒比海。第五大道想從孩子身上取得的是結果，可以量化的成果，而寫作通常不是那樣運作。

莉莉透過語音以自己的話擬了份草稿，說茱麗葉應該加入修道院，她母親麗莎，就是頂著金髮鮑伯頭的銀行家，出手介入了。我不知道她忙著安排幾百萬美元的交易，怎麼有空讀女兒的報告，但她就這麼做了。她讀了整份報告，晚上六點打電話來談這件事，當時我剛走出布魯克林的地鐵。我步行經過展望公園（Prospect Park）附近的水果攤，戳戳葡萄，看看是否乾淨可以買，這時，麗莎問我對莉莉的報告有什麼看法。「我女兒**什麼都不懂**，」水果攤商塞了點小柑橘進塑膠袋，讓我帶回家給兒子，「我是說，她對愛情又懂什麼了？她寫說茱麗葉不該跟羅密歐結婚，就是顯示她的年少無知，不是嗎？」

我無法回答，因為答案很明顯。「莉莉是很年少沒錯啊。」我想這麼回答，這個十四歲孩子確實不明白茱麗葉為何要跟善變的羅密歐私奔。同樣是十四歲，可是茱麗葉個性衝動，莉莉只是覺得害怕。如果莉莉希望茱麗葉緊守安全的家，麗莎會更能欣賞她。十四歲孩子有這種反應，完全可以理解，莉莉以自己覺得說得通的話語來解釋，麗莎不知怎的卻認為這篇作文有對和錯的答案。

「布萊絲，我很驚訝妳竟然讓她寫出這種東西，」她責怪我，「她老師肯定會把這篇作文撕成碎片。**撕成碎片**。」她重複，免得我沒聽懂這個隱喻[26]。莉莉的學校似乎充

---

㉖ 譯注：原文為to shreds，字面上指「撕成碎片」，引伸意義為嚴苛批評或大肆批評。

滿關愛學生且親切仁慈的老師，但就麗莎的體驗，他們卻是一窩豺狼虎豹，我想麗莎在華爾街的工作就是如此。

「這份報告是以她的觀點所寫，」我提醒麗莎，「那就是老師想要的——聽到她的想法。」

「如果是錯的，就不是老師想要的了，」麗莎爭辯，「不過我會跟她一起處理。」她說，語氣暗示著她得清理我留下的爛攤子。

我提著窩在塑膠袋裡的小柑橘回家時，心懷愧疚，彷彿做錯了什麼似的。我可以想像莉莉的感受。她所說和所做的一切，都受到監控和評判，她肯定覺得自己時時刻刻都做不好事情。

接下來的幾個晚上，麗莎決定把大部分的時間用來將女兒的報告撕成碎片——有如她想像老師會做的——然後整份重寫。成品是四十五歲女性捍衛初戀的說詞。寫得很糟，滿是陳腔濫調，例如以**柔嫩的花朵**來指稱茱麗葉、**燃燒激情**來指涉她跟羅密歐的韻事。一見即知莉莉的想法被徹底扼殺。不會有四十歲以下的人用**玷污**（deflowering）來指稱茱麗葉和羅密歐之間的幽會，莉莉的報告四處留下了長輩的印記。

結果，英文老師也給了莉莉的報告惡評——雖說態度溫柔——莉莉趁母親到法國出差的時候，跟我一起重寫報告並繳交出去。寫到最終的草稿時，莉莉疲憊不堪。她接受了茱麗葉必須起而反抗且離開家人這件事。我想，這就是莉莉最終會有的經歷。她的母親會讓她累到必須離開家，跟父母分隔開來，即使莉莉並不真的想要如此，而她的母親只打算一輩子都將女兒網住。

◆

暑假必須工作這件事，讓崔佛很心煩。雖然他想跟大樓的工友在暑假一起用高壓清洗機去除口香糖——他很愛用雙手工作，因為可以立即看出成效。但，他七月卻要到一家華爾街的大銀行上班，他父親在那裡位居高層要職——重要到崔佛安排我去他父親的辦公室一起進行暑期閱讀和寫作課時，我們受到奉承的接待程度足以讓我坐立不安。

有一群助理在等候室跟我們碰面。他的父親忙著開會。當我們穿過寂靜的走廊，地板上的紅毯讓我想起卻爾登·希斯頓（Charlton Heston）在電影《十誡》（*The Ten Commandments*）扮演的摩西。彷彿電影特效製造出來的紅海從我和崔佛面前分開，那些倒楣的埃及戰車手紛紛被甩到旁邊。崔佛身為老闆的後代，就擁有那樣的力量。我差點以為會有助理將刻字石板遞過來，但她只是把裹在飾有公司商標紋章的厚餐巾裡的沛綠雅氣泡水遞給我們。

那群助理迎接我們走進會議室，那裡的桌子足以在容納整個以色列及巴勒斯坦的協商團隊後還剩下不少空間。崔佛熟門熟路的打開迷你冰箱，顯然把這裡當成自己家。他拿出一根瑞士巧克力棒，大口吃起來。那群助理讓我想起動畫電影《神偷奶爸》（*Despicable me*）裡的小小兵。他們都穿著同樣類型的衣服，集體行動，以確保我和崔佛在閃亮的橡木會議桌能找對位置安頓下來。他們小題大作成那樣，實在令人難以平心靜氣，更難讓崔佛針對妮娜・拉森（Nella Larsen）[27]的小說《冒充》（*Passing*）寫點東西。他似乎無法集中精神，頻頻把玩雞尾酒餐巾。要當摩西的兒子並不容易。

崔佛必須寫到的那本書很不可思議，但是就很多層面來說，跟銀行的無聲牆壁有一個世界之遙。《冒充》在一九二九年出版，講述一個淺色皮膚的黑人女性跟童年朋友久別重逢，另一個淺色皮膚女性冒充成白人，嫁給了有種族歧視的白人男性。在撰寫這本書的時代，黑人冒充成白人險境重重，小說情節也點明了這點。但是，直到今天，大家依然可以用諸多方式冒充，以假身分面對世界。

崔佛的作業是要寫一個時下的冒充例子。這個作業狀似簡單，實則不然，可用多種方式詮釋。他可以按照字面去詮釋，例如，某個團體的人假裝自己是另一個團體的人——像是LGBTQ+族群假裝自己是異性戀。但這份作業也可以用更隱喻、更心理學的方式來詮釋。我納悶崔佛是否會朝這個方向進行。

在我心裡，他跟自己被對外行銷的樣貌有著天壤之別。他穿著經典品牌Brooks Brothers的外套，打著斜紋領帶，腳踩皮鞋，全身上下每一吋看來都像個年輕銀行家。但，私底下的他，夢想要衝浪，駕著經典福斯小巴沿著太平洋海岸公路漫遊。他也很喜歡在街角商店裡，偷一根電子菸放進口袋。

我給出幾個提示，要他想想其他的冒充案例，而他提出來的答案，讓我意外。

「我知道很多女生都在冒充，我是說，以她們想表現給我看的方式。」他說。起初我以為他在吹噓，最後他臉上的紅暈顯示，他為了自己即將說出口的事情感到尷尬。「我是說，她們裝得好像對我有意思，有一個甚至假裝懷孕。」

我平日不習慣板著臉，所以只能想像自己當時看來是雙眼睜大的驚異模樣，請他進一步解釋。我要提醒自己，記得他是十六歲。

他告訴我：「唔，她說她懷孕了，她的月經慢了幾天。」

「你有避孕吧？我知道你們的學校護士那裡有保險套。」學校的衛教人員會希望我這麼說，而我之所以這麼說，是因為我不知道還能說什麼。

---

㉗ 編注：一八九一年～一九六四年，她的作品以種族和性別認同為主，作品甚少卻具重要地位，是學術研究的主題。內文提及的《冒充》曾在二〇二一年改編成電影。

「當然有，她說滑掉了，可是那是騙人的。她那樣說只是因為她想要引起關注，而且我也沒強迫她。」

讀研究所時，常有人告訴我，我在表達情感時應該訴諸理智。這就是防禦機制派上用場的時刻之一。「你怎麼會覺得這件事是冒充？」我問他，急著想離開私人問題，回到書本上。

「青少年都是這樣啊，表現得好像很認真，可是其實才不關心對方。她現在正和我朋友約會，根本沒有懷孕。」

「所以，你認為假裝自己有某種感覺，就是冒充？」

「對，就是這樣。裝的。大家都這樣。」

崔佛意識到其實不能直接拿這個經歷來寫，雖然這個經歷在許多層面來說都滿精彩的。他還是編了個故事，講述某個女孩假裝對某個男孩動了心，卻在他朋友對她表現出興趣時便一把甩了那個男孩。關於這個故事的取材來源——跟他有過一段關係的女生——我並未追問下去。他的故事版本是那個男孩最後覺得被拋棄，大家會在對愛沒有興趣的時候假裝有。我請他想想那個故事裡的女孩怎麼想，但除了她時時需要關注之外，他想不出更多的答案。我環顧四周，心想，他年紀太小，還不適合接觸這一切——無論是他跟那個女孩之間的情況、銀行、斜紋領帶。

雖然他的報告充滿了連寫句、錯字、誤置的修飾語，但對話寫得頗為生動。他回想了那個女孩對他說過的一切，然後全部放進故事裡。他甚至還寫到那女孩在他臥房自拍了幾張照片，貼在Snapchat或Instagram或不管當時流行的什麼社群媒體；她有個朋友也喜歡崔佛，被惹惱了，還出言辱罵，雙方快速互拋以b為首的粗話㉘。崔佛後來還是從報告裡刪掉了一些。到最後，所有的角色似乎都值得同情和憐憫。

◆

對我來說，那個故事有著如巧克力般苦中帶甜的滋味，濃郁苦澀，難以消化。要為父親旗下有一批銀行助理的男孩哭泣，並不容易——對嗎？

當我離開這類家教情境，便渴望搭地鐵回到布魯克林或皇后區的那種規律，雖然顛簸踉蹌、車廂擁擠，而且會在曼哈頓橋上有所延遲。但對我來說，這一切更真實也更易於理解——火車碰觸鋼軌，大家趕著回家的焦慮感。這些對我而言，都說得通，而崔佛的生活對我來說，少有地方說得通。

---

㉘ 譯注：指bitch（婊子）或bastard（混蛋）之類的文字。

《冒充》這本書引起了崔佛的共鳴。雖然他的私人生活顯然問題重重，我擔心他並不知道該怎麼對待年輕女性，但他正在讀的這本書，對他來說，是有意義的。不過，更常有的狀況是，這些學生時常錯誤地詮釋了閱讀內容，我的工作就是要引起他們的共鳴，創造出某種翻譯，讓他們可以進而理解內容。

當學生告訴我，閱讀沒有所謂正確和錯誤的答案，我覺得很有趣。因為他們有時確實有錯得離譜的答案和詮釋。事實上，身為讀者，學生有時候會嚴重錯估，但那不完全是他們的錯，因為他們總是被要求閱讀遠遠超過目前程度的書。

私立學校以提供高要求的課程自豪，但不管那些學生多麼早熟或是能言善道，文本對他們來說，都可能過於成熟，以心理層面而言也過度複雜。我跟學生一對一上課時，往往可以看到這些錯估的情形。

蘇菲選擇不去閱讀弗雷德里克．道格拉斯（Frederick Douglass）[29]撼動人心的自傳，裡頭講的是他遭受奴役與從中逃離的經驗；她決定去讀類似CliffsNotes那種閱讀筆記網站上的摘要。問題是，她剝奪了自己體驗文字力量的機會，不知情地選了個網站，那個匿名筆者顯然也沒讀過道格拉斯的自傳。於是蘇菲提出一份輕鬆活潑的報告，說起道格拉斯和他主人出門打獵，也提到道格拉斯對於逃離大農場往北方去不只感到矛盾（事實上並不矛盾），也覺得相當痛苦。

讀了她的草稿後，我有幾分鐘無法言語。「妳讀了這本書嗎？」我問她。

「部分。」她說，啃著指甲上的亮片，發簡訊給朋友。

「我想，受奴役的人是不能持槍的，文本裡講到道格拉斯跟奴隸主人去打獵的段落，妳可以找出來給我看嗎？」我告訴她。

她隨意翻過毫無標示的書本，最後承認：「唔，其中一部分，我是從一個網站查的。」她找出網站，背景有星辰和彩虹的圖樣，顯然是專門寫給幼童看的，而且作者吸收的資訊嚴重錯誤。「看，這裡寫說道格拉斯很愛他的主人，跟他一起去打獵。」她說。

「蘇菲，這樣聽起來對嗎？奴隸制度的本質是什麼？」我問她。

她嚴重誤解了這本書以及道格拉斯的主張——奴隸制度讓他的身心都受到桎梏——我都不知道該從何開始了。反之，我請蘇菲大聲朗讀。那些文字優美但敏銳，描述道格拉斯的種種痛苦，不認識母親、目睹姑姨被嫉妒的奴隸主人鞭打、自己所受的屈辱、向一位友善的奴隸女主人學習閱讀而得到的啟蒙，女主人遭丈夫斥責說絕對不能教奴隸閱讀。蘇菲什麼都沒說，視線留在書上。她打開存放報告的Google Doc時，把游標拖到自

㉙編注：一八一八年～一八九五年，十九世紀著名美國黑人政治家、演說家、作家。畢生爭取黑人權益，是廢奴運動的代表人物之一。

己目前所寫的內容，一舉刪除。我希望閱讀也能一舉刪除她對奴隸制度的誤解——強迫她重新開始。

◆

以閱讀來說，莉莉比蘇菲更有悟性。對於格格不入以及與個人現實脫節的感覺，她都能產生共鳴。她十五歲，月亮臉，身材依然矮胖，她形容自己的女校是**雌性地獄**。學校要她費力閱讀那些對許多成人來說都難如登天的文學，比如米爾頓的《失樂園》（*Paradise Lost*）。她有注意力缺失的問題，使得這樣的費力閱讀更加困難，但我們大聲朗讀時，她會仔細傾聽。她將米爾頓史詩裡的眾惡魔（從天堂被驅逐出去，送往地獄深淵）譬喻為同校的女生。「就像我學校裡的社交情景。」她大膽提出。我們嘲笑青少年費盡力氣，爭相討好最熱門的女孩，就像那些墮落天使想要重得上帝的恩寵。那些惡魔嫉妒亞當和夏娃，就像莉莉學校那些惡劣的女生嫉妒新登上熱門寶座的女生——這個女生才從紐澤西搬過來就成了新的女王蜂。米爾頓的宇宙對我來說混亂難解，對應上競爭激烈的高二女生世界之後，對莉莉卻完全說得通：這些女生就是穿著Burberry的魔王別西卜（Beelzebub）。

她是個天賦異稟的讀者，因為她對文學的感受如此深刻。她讀得緩慢仔細，會注意到我忽略的東西；她讀到撒旦的新策略就是運用詭計闖入上帝的領地之後，想了一下，沉吟道：「在沒有社交網絡前的世界，詭計是什麼意思呢？地獄就是Instagram貼文……或者更糟，是Snapchat影像。」她沒受邀參加派對，但其他女生會在臉書或Instagram貼自拍照或傳Snapchat照片給她。對她來說，撒旦的巢穴滿是她並未受邀參加的派對照片（很諷刺，因為在米爾頓的作品裡，眾惡魔並未受邀參加終極派對）。於是她以非常私人的方式體會了何謂地獄。對莉莉來說，伊甸園可能是沒有壁球練習、沒有壞心腸的女孩、沒有SAT的地方。

閱讀做得對的時候，也可能在蓋茲比的孩子之間創造不平衡。我在私立學校教導的個人理財班上，遇過一個男生，就被「一個人的財務觀念受到社會階級的影響」這個簡單的觀察弄得焦慮不安，變得相當憤怒。「這只是更多自由派的宣傳，我很厭倦老師總是想硬塞這種東西給我。」威廉滔滔不絕，用手指將一頭龐帕多造型的厚實黑髮往後耙。

我大吃一驚，因為我不曾預見教材裡有任何地雷區。學生註冊這個短期課程，要練習擬定預算、投資和儲蓄的相關技巧。就我看來，我們閱讀的文本似乎不言自明，我不曾預期會有這樣的爭議。作者提出的觀點也許對高中生來說過於世故：如果一個人成長期間不愁吃穿，可能不會經常想到金錢或其帶來的後果。如果成長期間總是缺錢，錢可能會更常是個問題。這樣有挑釁意味嗎？雙親在華爾街工作的威廉，就是這麼認為。

「我就是不吃這套垃圾。」他說，掌控對話，持續糾纏。

「所以你不認為階級會影響一個人的金錢觀？」我問他。他憤怒的話語以及漲紅的臉龐，證明了優越階級有時會令人察覺不到這個事實：來自其他階級的人會以不同方式看待金錢；這當中的諷刺，大家都清楚感受到了。教室裡有其他學生，當中有幾位有色人種、有幾位領著獎學金（不見得是同一批孩子）。於是，我問了班上其他同學是否有人抱持不同觀點。我如何反應都沒有差別，不管我說什麼，威廉都不會理會，所以我希望有學生可以提出不同的觀點。

不過，對於對抗威廉跟他自信滿滿的聲明，大部分的學生已久感疲憊，於是全部悶不吭聲，只有一個穿著lululemon瑜伽褲的金髮女生仍挺身支持威廉所說的一切。不過，閱讀內容的文字就懸在那裡，威廉的怒氣證明了，他讀到的東西令他猝不及防。

幾天前，我們因為一個特別的行程去紐約證券交易所參觀時，他似乎很樂在其中，這在後九一一的時代難能可貴，我們從上面的樓座觀察到某家公司首次公開募股不大成功。交易所一樓甚至有來自國家橄欖球聯盟（ＮＦＬ）的選手，我們自由混跡其中。在我心中，我和其他老師為這些學生提供了千載難逢的機會，但是在這個短期課程結束後，威廉和他的朋友卻給了我們老師很低的評分，理由是我們缺乏知識。他們寫道，原本他們希望能修經濟學課程，某種迷你工商管理研究，而不是針對他們的社會階級說教的課程。他們原本希望能以抽象的方式閱讀與談論金錢，跟社會經濟地位分開——如果有可能的話。

這就是為何《大亨小傳》跟公園大道能夠引起這麼徹底的共鳴，即使今日也一樣，而且拿來教導威廉這樣的學生時，看似如此諷刺。所有的角色，除了梅朵和喬治，都是有錢人（敘事者尼克不是有錢人，但可以接觸到那些人）。主角蓋茲比極為富有，但來自與布坎南一家不同的階級。黛西和湯姆並不代表當今有錢孩子的階級。蓋茲比的孩子通常並非來自富貴世家；他們來自積極進取的人，來自像是蓋茲比的人，打造大宅以便越過海灣，眺望代表黛西和富裕世家的綠燈。就很多方面來說，《大亨小傳》是對恣意追求財富的控訴，但作者費茲傑羅賦予了蓋茲比魅力與浪漫氣息，使得蓋茲比很討學生喜歡。我注意到，這本書普遍受到位居前百分之一家庭的孩子真心喜愛。

◆

在我擔任家教的學生當中，不喜歡《大亨小傳》的是卡門。她透過入門計畫到上東城女子學校就讀；入門計畫專門協助有色人種學生準備與就讀私立日間和寄宿學校。因為她交不出作業，寫作對她而言也很吃力，計畫相關人員以公益項目聘請我擔任家教，不向她收費。卡門住在費茲傑羅的灰燼之谷，皇后區的可樂那（Corona），小說裡的尼克・卡拉威認為是介於長島和曼哈頓之間的三不管地帶。這本書自然打動不了她。

事實上，大部分的學校課業都讓卡門倒盡胃口，她的父母移民自哥倫比亞，他們為她擔心，希望她好好表現。她確實很聰明，但她卻放棄了。她在課堂上不做筆記，不讀指定的書本，而且不希望讓任何人知道她的狀況多糟。我們在她學校的食堂碰面，當她的英文老師要求跟我會面時，我問了卡門原因。「她會跟學生的所有家教碰面。」她告訴我，雖然該位老師後來告訴我實情並非如此，說她是為卡門擔憂。學校的大部分課程也觸動不了卡門。

其他書本也無法引起太多的學生興趣。童妮・摩里森（Toni Morrison）[30]的《寵兒》（*Beloved*）裡以混亂迂迴的敘事談論強暴、奴役和弒嬰。這本書困難到讓很多學生甚至錯過了核心場景，在其中柴特（Sethe）親手殺了自己的孩子，只是為了不要讓孩子回到奴役狀態。有個學生問我，「那個寶寶死了嗎？我完全漏掉了。」埋在稠密盤繞的文本裡，確實很容易錯過。有些白人學生很怕學習關於民權的任何事情。不管從哪個方面來說，並非全部的白人學生都是如此。但他們準備開始學習民權或閱讀弗雷德里克・道格拉斯自傳那類的書時所發出的嘆息，總是令我驚訝。

我在私立學校教授美國歷史時，對於能讓學生看看《心無旁騖》（*Eyes on the Prize*）[31]這部備受讚譽的民權運動紀錄片一事感到相當亢奮。在這麼多堂無法引起他們興趣的主題之後——從一八一二年的戰爭到關稅，銀本位制爭議（怪的是，有些人後來對這個頗感興趣）——我想，**終於有了一個會讓他們興奮的主題**。

《心無旁騖》非常引人入勝。敘事者平靜得詭異，解釋民權運動的每一步，從十四歲的艾默特．提爾（Emmett Till）以殘酷手段慘遭謀害開始——這位非裔美國男孩前往密西西比州的小鎮拜訪親戚，結果被當地的白人殺害，他的母親做出了勇敢的決定，開棺讓全世界見證她兒子殘破的遺體（身上綁了重物沉入河裡）。總不可能將這樣的影片內容形容成**無聊**吧。**令人忐忑**，是；**令人不安**，是；**不舒服**，絕對的。

我的高二歷史課學生們，除了一個半亞裔學生之外，其餘全是白人，他們在課堂上看到一九六三年在伯明罕上街抗議的學生（有些中學年紀，有些更幼小）被水柱攻擊的片段時，不少人表現得很失禮。「我們七年級就看過了。」有個表現通常很傑出的學生

---

㉚ 編注：一九三二年～二〇一九年，美籍非裔作家，獲獎無數，包括國家圖書獎、國家圖書評論獎、普立茲獎等，於一九九三年獲諾貝爾文學獎。

㉛ 編注：由十四部紀錄片組成的美國影集，曾入圍奧斯卡金像獎紀錄片。

抱怨。為了逼他們看影片，我不得不做個小考。那個片段並未讓他們看得入神，而是因為受迫、害怕懲罰而看。對我而言，影片裡的這些人是因再也不願忍受虐待，揭竿起義，沒有比那個時代的影片更令人著迷的東西，但這種內容真的讓這些學生覺得難受。

後來，我覺得我錯了，我懲罰了這些孩子，而不是公開跟他們談談如此抗拒的原因。我把注意力從他們抗拒學習民權歷史轉移開來，把焦點放在膚淺的教室秩序破壞上，這種作法反倒讓我們規避了種族議題底下的不安。我希望這種不安可以駐留在這些學生的內心摩擦他們，直到他們準備好檢視和思考為止。

◆

偶爾會有孩子令我意外，無來由在閱讀和寫作上表現出真正的慈悲。我的一門歷史課上，有個長得像貓王的孩子，真的懂得羅莎・帕克斯（Rosa Parks）[32]的謙卑。他多看了好幾個鐘頭的蒙哥馬利公車抵制影片，精準模仿了帕克斯，「我只是做了任何人會做的事，」他以沉靜平穩的語氣說：「沒什麼大不了的。」他完全理解帕克斯的特質及她的作法。就像很多孩子，他家境富裕，但是他知道怎麼解讀別人，明白帕克斯的謙卑話語恰恰證明她的意圖以及偉大的決定。

對於第五大道的孩子，他們最棒的時刻可能來自極小的事情，例如理解羅莎・帕克斯這番含蓄說詞。他們世界的其他一切都很大，放得非常大。他們可能過了個週末以後回到學校——週末我只是去Fairway高檔雜貨店買法式餅乾就滿足了——報告說他們在演唱會上被介紹給波諾（Bono）[33]，還去滑了雪。或者是去了漢普頓，到新開幕的Ralph Lauren精品店（他們很訝異我沒聽到這個風聲）買衣服，然後跟母親的私人教練一起健身。度假則更極端。而我，兩個星期的春假，天天盯著丈夫兒子，確保冰箱的食物貯藏得比平日更充足，也許烤個巧克力碎片餅乾，在網飛上追老電影：如果運氣夠好，還能去戲院看場電影。我的學生可不是如此。

學校一放假，莉莉就被父母帶到充滿異國風情的地點。有一年是摩洛哥，然後常常到鹽湖城的滑雪聖地阿爾塔（Alta），有一次則是去柬埔寨參加生態之旅。她在城市裡踩著Segway電動滑板車來去，上市集，待在五星飯店。元旦前夕，她乘著遊艇在聖巴瑟米島（St. Barths）看煙火，在加勒比海出門喝酒也能遇見熟人。她曬出了一身古銅色肌

㉜譯注：一九一三年～二〇〇五年，美國黑人民權行動主義者。她於一九五五年因在公車上拒絕讓座給白人而遭逮捕，引發了聯合抵制蒙哥馬利公車運動。

㉝譯注：一九六〇年出生於愛爾蘭都柏林，知名搖滾樂團U2的主唱兼吉他手。

膚。前往法國蔚藍海岸的時候，家長為她購置整組裝扮，有新的Lilly Pulitzer洋裝和泳衣罩衫、墨鏡和涼鞋。為了一趟旅程購買整組裝扮，對我來說簡直是全然陌生的概念。她直到開學前一刻才回來，那週的大部分時間都因為時差而筋疲力盡。

崔佛——最接近當代布坎南的人——則前往某座島嶼，必須是那個家族的後代才能在那裡住下。他頭一次跟我提起時，我以為他在說笑。

他解釋：「不，是真的，這座島是我家——和其他親戚共有的。」

春秋兩季的週末和夏季期間，他在那裡度過大把時光，似乎為此相當滿足。我想當中有不少時間不受到大人監督，他跟表親們能在家族船塢裡盡情喝酒、在水裡嬉戲。

崔佛和同年的表親茱麗雅特別親近，她也是我的家教學生。他告訴我，茱麗雅在十六歲時就已去過毒品勒戒中心，而且正在努力戒酒。「她老是貼出自己和毒品的合照，可是只是在唬人啦。」他給我看了手機裡和茱麗雅的合照，她有一頭筆直的挑染長髮，穿著低胸棉衫搭破洞牛仔褲。

夏季週末的大部分時候，他們都在祖傳的那座島上共度。「那裡沒有猶太人。」他笑著告訴我，我不確定他是在道歉，或想讓我知道我並不會受邀。

我問他：「真的嗎？你確定？搞不好有人會在你不知情的狀況下溜進去。」

他點點頭。我之前就注意到他對我是猶太人這點感到緊張，而且他想要清楚劃分他家人前往的空間。我納悶他那座島上是否有任何有色人種，而那些限制是不是他在家裡耳濡目染而來。

儘管看似光鮮亮麗，這些經驗卻很少在慣於時時享樂的孩子心裡留下多少印象。當生活以萬花筒般的色彩和質感流過學生身邊，確實美麗無邊，卻無法產生帶來優質寫作或思考的那種和諧感。真相是，平淡無奇的乏味生活對孩子才有好處。這種生活會讓他們有所期待。

研究發現，過度縱容，包括提供太多娛樂、紀律鬆散，會讓孩子失去恰當的界線，並且需要時時且立即的滿足。專家相信如果孩子早早在人生裡有過太多高峰經驗，他們就不會覺得還有什麼可以期待。如果你已經見過波諾、認識Nike的老闆，並踩著電動滑板車在寮國走跳，你還能做什麼？人生需要某種平淡的特質。而這樣的生活結果就是憂鬱，感覺前方沒有事物可追尋。肚子裡不對任何東西有飢餓感，而你覺得百無聊賴、侷促不安。

# 4 溫室裡的花朵

我逐漸學到一件事——孩子有時候狀況就是不對。擔任家教工作愈久，佛洛伊德的幽靈就愈常出現在上東城的走廊、雞尾酒吧、咖啡館。

高中二年級期末考期將近之際，莉莉的房間就成了馬不停蹄的家教熱點。她的化學家教在上東城十分搶手，必須到晚上十一點才有空過來上課。莉莉反覆傳簡訊給母親，想確保那個家教能排進行程，因為她很確定，沒有他的幫忙，化學肯定考不過。她已經累壞了，現在還得要熬夜到午夜，跟這位智者一起補習。

「沒有其他人可以幫妳加強化學科目嗎？」我天真地問她，知道自己的技能不足以延伸到那個科目。

「我在學校的老師是一位哥倫比亞大學的化學博士，只有這個家教能幫得了我！學校裡每個人都是找他補習。」從她的說法看來，學校這位老師沒有教學的經驗。他說額外的輔導時段等於「用湯匙餵食」，忿忿抱怨孩子希望他先幫忙嚼爛食物再讓他們吞下去。他也依循稱作「學生導向學習」（student-directed learning）的模組，似乎跟學生自我教學有關。

雖然他認為班上沒人需要額外的輔導，但，諷刺的是，他所有的學生都得找一個冰雪聰明的普林斯頓研究生惡補，而這位研究生靠著替莉莉學校的學生家教來支付自己位於王冠高地的房租。我略微知道這位家教，他偶爾會打電話給我，從我學校的孩子那裡尋找家教機會。我從未引介孩子給他，因為對於輔導有學習差異的學生來說，他並沒有經驗，也未曾受過訓練。其他的孩子似乎可以接受他，但他的焦點主要放在自己剛起步的音樂事業上。

◆

莉莉這類的孩子，擁有幾近無盡的資源，往往耗費多年時間上家教課。有些甚至從國中起就跟大學顧問合作，其他人則在九年級開始為了ＳＡＴ或ＡＣＴ補習。十一年級時，家教的比重隨之提高，孩子每個週末都必須做完整長度的ＳＡＴ或ＡＣＴ模擬考。那表示要投注幾個鐘頭去考試。他們練習沒完沒了的題目；經由無盡的操練，有些孩子考出了很不錯的成績。

這般干涉孩子的生活——我們甚至還沒觸及大學入學這個話題——結果就是，許多孩子的成績超過本身真正的能力，於是他們得一路接受家教課直到大學。像莉莉那樣的孩子，則跟可怕的焦慮搏鬥不停。

莉莉和蘇菲在學業上的表現高過平均，但在她們就讀的學校裡，英文老師會出版備受好評的小說，法文老師則不用字幕就能看法國荒謬主義電影。我常常納悶，這些孩子為什麼最後會去不適合的學校就讀。答案是，因為從孩子出生後不久，他們的父母就開始思考替孩子申請學校。

有個曼哈頓顧問專門替孩子找幼兒園，收費就超過兩萬美元，而此人只是大批顧問之一。他們行事俐落、受過良好教育，非常專業；會用「和學校合拍」（school fit）、「相配」（match）以及「發展」（development）這樣的用語。他們有一整套關於歷程的術語，重點基本上就是金錢和聲望。

孩子還小的時候，例如四歲，根本還不清楚他們在學業上會有多強；清楚的只有家長的職業、他們住的地方以及收入。那就是為什麼富人要把孩子送到幼兒園的原因——或是甚至更早，如果學校更早開學（就讀正確的托兒所在紐約的部分地區也是必要的），會有好處。

我跟我上班地方的入學職員聊過之後，發現這些幼兒園還有一些「對口學校」

（feeder schools）。為了奪得先機，一開始必須先送孩子到公園大道基督教會日間學校（後來搬到西區，改了名稱，把**大道**兩字去掉）或是類似的高門檻昂貴學校。孩子要進幼兒園得接受面談。我在一所時髦的曼哈頓私立學校工作時，還沒上幼兒園的孩子已經穿著一身正式服裝，跟著裝扮無比講究的父母為了爭取入學名額而一起前來面談。看來學齡前兒童也承受了不少壓力。我看過父母在學校外頭對著孩子嚷嚷——我永遠無法確定這些是發生在面談之前或面談之後。那些家長穿著商務套裝或名牌洋裝搭高跟鞋，看起來一臉堅決。

我擔任家教的孩子們，年紀都稍長，所以不確定他們當初是如何進去那些要求極高的菁英學校。看著他們年紀小點的照片，我推想他們很可愛，與校方面談期間，大部分時候都由家長負責說話。他們都是校方垂涎、付全額學費的學生。很多學生都找家教來上ＥＲＢ，孩子必須通過這個修正智力測驗，才能進入紐約市私立學校的低年級就讀。這些考試不應該是可以教學的，但有些私立學校的媽媽較有進取心，會為孩子錄取私立學校的機率操心，她們發現這些是修正過的智力測驗，大可以找人來輔導孩子。這是個極佳的生意構想，但讓學校難以正確判斷哪個孩子未來真的應付得了校方的課程，因為富家孩子固定都會提前準備這些考試。

蘇菲有語言基礎的學習差異，替她上了幾年家教課後，她母親瑪莉亞才承認蘇菲在讀幼兒園時，就已找人替她補了ERB。「她當時表現得很不錯！」瑪莉亞說。事實顯示，孩子透過家教可以在智商成績得到暫時提升。不過那個成果是短暫的，孩子接著就會被打回原形。這就是蘇菲的經歷，她母親搖著腦袋承認，「可是並不持久。」

蘇菲四歲時就被灌了大量字彙和資訊，而硬塞進她年幼腦袋那團無意義的東西，很快就流失不見。

孩子掙扎著要進入——並且留在——對他們來說太困難的私立學校，是很多人共謀串通後的結果。身為蘇菲的家教，我也是情境中的一份子，即便我努力要改善她的技能，幫助她的寫作與思考更上一層樓。在蘇菲的媽媽提議我「和老師溝通一下」之後，我跟蘇菲的老師得以一談。那位老師用某種暗號似的語言，遮掩了英文課對蘇菲而言的困難程度。

「我很高興她在校外有支援。」她的老師告訴我。**支援**有時可以作為委婉說法，遮掩學生在課堂外要下多少工夫才能跟上進度的事實。雖然我從未替學生寫過報告，但有些家教會這麼做——或者說他們的編輯印記在學生的作品中俯拾皆是。

許多老師譴責這種狀況，但有些老師可以接受，因為那表示學生們可以在自己無法招架的班級裡追上進度。

「蘇菲真的需要深入文本，拆解自己讀過的內容。」老師繼續說，用了許多私校英文老師間常見的兩個老套說法。譬喻的意象對我來說很有幫助，但對蘇菲來說無法產生意義。她甚至連從《大亨小傳》那樣的書所摘出的金句箴言都無法理解，更遑論深入加以拆解。私校老師喜歡將他們的評語隱藏在這類型的語言裡，混淆這個事實：有些學生就是沒有應付課程素材的技能。「蘇菲的文章就像未繫泊似的，她真的需要把文章跟文本拴繫在一起。」老師說。這女子用的隱喻真美，讓我直想流口水。我愛極了將文章跟文本拴繫起來的概念，但這女子倒不如告訴蘇菲，她必須創造熱核盾牌，以便抵擋即將到來的彈道飛彈。用那些詞語來講功課，對蘇菲來說毫無意義，而英文老師避開了顯而易見的事實：蘇菲的技能不足以應付班上的課業。最後得由我來幫蘇菲從文本裡摘出文字，支持她在作文裡試圖提出的論點。

原本該由孩子自己來做的工作，結果都在大人之間發生。我和蘇菲的老師之間、她的父母和老師之間，有過好幾輪的會議和電話。蘇菲很少跟她的老師直接會面，她說那位老師讓她壓力爆表，所以只好由大人們展開無止境的私下商談。

在這些會面期間，家長惴惴不安，忙著協商和筆記。蘇菲卻幾乎不用出什麼力，只是等著跟我或其他家教老師上課以便完成作業，這也表示她跟自己的作品總是相隔幾步距離。雖然她繳交的寫作向來出自她手，但我必須替她分解過程中的每個部分，例如要她進入文本找出摘文，將每段摘文的關鍵字畫出來，然後加以解釋。面對我，她願意這麼做，但她拒絕在課堂或直接跟校內老師一起去做這麼多事。蘇菲的父母聲稱女兒覺得自己在課堂發問會被其他孩子「汙名化」，所以老是坐在後排保持緘默。

她會點披薩外送到曼哈頓學校當午餐；這件事跟她面對學業的方式變得相當類似。Uber Eats外送員帶著披薩到學校櫃台，她到那裡會合，再把食物提回教室，跟朋友大快朵頤。她不在學校食堂吃飯——雖然那裡備有相當不錯的餐點，包含在學費裡——但她還是會去點外送。她不直接跟學校老師合作，硬要等到家教把東西直接端到她面前，這點跟披薩外送員很類似。結果，她的父母又多花了學費的一半左右在家教費，而且蘇菲也錯過了跟英文老師合作的機會，那位老師才是最適合她這堂課的引導者。

值得讓父母高興的是，有少數更幼小的孩子能言善道、個性早熟。他們長成了資優的學生，就某些方面來說，競爭激烈的私立學校對他們滿適合的。而莉莉和蘇菲這類的孩子，只是有錢，家長充滿幹勁，做事面面俱到。

紐約市的私校家長類型通常能滿足入學教職員的要求：裝扮光鮮、儀表談吐不俗。他們是完美的玩家。必要時，他們可以爭強好鬥，但也能夠奉承諂媚，透過甜言蜜語設法得到自己所需。他們表面看來親切友善——有一些是，但實際上必須費力剷雪或清除孩子道途上的障礙時，他們可不是省油的燈。為了成績沒達標的孩子，他們善用委婉的教育用語，包括像是**需要支援**（needing support）或密集輔導，他們也明白校方對他們的要求。他們勤於出席會議、親師會之夜、募款會、委員會。他們會裝飾聖誕樹、將燈串繫上猶太光明節七燈燭台以及寬扎節七叉燈台，穿著名牌洋裝現身家長會會議，送絲巾和領帶給學校高層以及大學入學諮詢員。

我永遠不會忘記我在私立學校上班的第一個假期季節，當時的家長（大部分是母親）會穿著Canada Goose的外套和鑲毛靴子，頂著飄雪過來，用著跟學校相關的飾品（包括穿了學校毛衣的泰迪熊）去妝點一棵巨型且活生生的長青樹。那棵樹及寬扎節和光明節燭台，看起來令人驚嘆。

許多母親先前都是從事銀行業或公司法律產業，她們是完美主義者，現在一心一意想讓學校大廳看起來像是好萊塢布景。每次我路過那棵樹就會感到某種歡喜的電流竄過，彷彿我成長期間拜訪基督教朋友的住家那樣。雖然我是那種偶爾會擺設聖誕樹的猶太人，但我可不曾把那些矮樹裝飾成這棵巨樹的模樣。路過那棵樹時，我覺得自己得以一窺（一次幾秒鐘）長達一個月浸泡在美麗又滋補的一切——包括長青樹、亮片、蝴蝶結、包好的禮物——會是什麼感覺。裝飾這棵聖誕樹的這些母親似乎擁有點石成金的魔力，將學校的防油布地板和磁磚牆壁都變成了黃金。我花了點時間才看出那些亮片並不是金子。

這些父母光鮮亮麗、泰然自若，擁有鋼鐵般的意志，在他們的引導下，有些孩子最後會來到**能力無法匹配**（overmatched）的學校——以教育顧問的專業術語來說。這點在國中和高中會變得非常明顯。

據說有些私立學校有個作法，他們會接受撐不到最後一年的富有人家的孩子，前幾年先從他們家庭吸飽學費和捐款，給孩子非常可愛的制服，讓家長享受炫耀的權利（大家都知道哪套衣服屬於哪所學校），再來就會將孩子一把刷掉，逼他們轉到程度較低的學校。不過，偶爾，我會碰到克服萬難存活下來的孩子，通常因為這個孩子身邊擁有一群專家：八年級時，有博士學位的人幫忙一起寫歷史報告，有哥倫比亞研究生幫忙一起寫英文報告。沒人在做的是確保這些孩子懂得閱讀，而這是我身為學習專家的領域。

不管老師或家教放在眼前的是什麼，即使不真的理解，蘇菲也能摸得滾瓜爛熟。就像她的父母，她也是個完美的玩家。這個孩子的課程要求她在六年級撰寫關於《奧德賽》的報告、八年級必須分析法國大革命，但顯然她有一批專家支撐著。她可以像鸚鵡學舌那樣，重述老師針對蘿倫．漢斯貝利劇作《烈日下的詩篇》的內容，卻完全不懂生活在隔離社群裡的意思（雖然大致說來，她自己也住在某種隔離社群裡）。

「我是說，貝妮莎有個夢想，就是住在隔離社區裡。」她向我提起劇中的主要角色之一。

我問她：「妳是說**融合**嗎？貝妮莎想住進**融合**社區，搬離**隔離**社區。」

「對，是**融合**，我老是跟**隔離**弄混。」她承認，雙眼盯著手機上的簡訊。

只要經歷過隔離的人，永遠不會忘記那個詞，但這些概念對蘇菲來說完全是抽象的東西。她的寫作和閱讀都跟素材相隔好幾段距離，她相信自己要是不先請教一群成人就什麼也做不了，而這足以讓她失去自主感。

◆

崔佛也是個意興闌珊的學生，被要求在運動場上展現能力。他從國中開始就一直在巡遊賽隊踢足球，即使七年級時也必須練到晚上十點，接近十一點才回到家，直到午夜才能就寢，而週末的時間大部分出門在外。他的父親，有著一頭逐漸斑白的頭髮，一臉肅穆，看來像是會出現在梅根．馬克爾婚禮上的某人（來自英國哈利王子那邊的家族），焦慮地頻頻瞥向足球場，一面用手機講話，在邊界線上來回踱步。在結果令人失望的球賽過後，他真的會狠狠訓斥崔佛一番。

有一次，崔佛邀我出席一場賽事，我想對他表示支持，於是坐在邊界線上，他父親前面的位置。他父親對著教練、裁判和崔佛尖叫不停，害我神經緊張，最後換到別的座位。在某次家教時段之前，我必須在崔佛房裡等候，曾聽到他父親放聲大吼，罵他「丟臉，不配在那個球隊裡！」因為他覺得那天下午兒子踢得很糟。他的父親很適合成為古代斯巴達的家長。有些像崔佛這樣的孩子，花好多時間在競賽型的運動，結果損耗了身體。我曾教過一個學生，他還沒上大學就開始打網球，最後肩膀傷勢無法康復，到大學打網球的夢想也跟著破滅了。

爵爺（我戲稱崔佛的父親）通常對我很親切，即便我見到他的時間不多。他會從吧台的玻璃瓶倒蘇打水給我，還會細心墊塊餐巾，免得飲料滲進桃花心木書桌。但，偶爾，當他充滿羞辱性的批評朝我拋來，對於崔佛的心情，我更加感同身受。

有一次，我走進公寓，爵爺接過我的外套，意外地開口對我講話。我將傘桿破損的廉價黑傘塞進插著Burberry雨傘的中式瓷架，他問：「崔佛在學校有沒有使用過額外的時間？」校方同意讓崔佛在測驗時使用調整方案，延長作答時間，因為他被診斷出學習問題和ADHD，但爵爺卻堅決反對兒子使用任何調整方案，他認為這樣是作弊。爵爺之前曾經竊笑著說：「崔佛將來要怎麼辦？難道他的人生也能有額外的時間嗎？」爵爺將這個爭論無限上綱（崔佛在測驗時使用額外的作答時間，不表示其他事情也需要），整個辯論最後變得很荒謬。他問我崔佛在學校是否用了調整方案，我不得不承認自己並不清楚，他吼道：「哼，如果妳不知道，還有誰知道？我在家的時間不夠多，頂多只能蒐集我兒子的**核心取樣**。追蹤這種事情我只能靠妳！」

我試圖拆解他說的這段話，就像蘇菲的英文老師要求她那樣，將注意力集中在核心取樣（core samples）這個詞語，我不確定管理顧問世界裡是否常用這個詞，可是這種字眼給人某種醫學的、科學般的感覺。我的腦海裡一直浮現培養皿跟滴管的影像。崔佛的母親通常沉默不語，莊重高挑，雙手交插在胸前。她臉上掛著慍怒的神情，但我看不出來那神情是因為她丈夫還是因為我。不管哪種，對話都結束了。

我在接下來的整個家教時段都焦躁不安，內在執著的那一面頻頻自問，**我為什麼不曉得崔佛有沒有使用額外時間？**最後，地鐵駛進我家那站時，我的心理覺察能力恢復得差不多，領悟到了，這就是崔佛時時有的感受：不如人、失敗、充滿戒心。我因此對崔佛的父親抱持某種矛盾感受，在第五大道上朝著他們家外觀宏偉的公寓大樓走去時，常常跟他進行內在的爭論。我想像他會從公寓大樓往下怒瞪著我。**你是父親**，我在想像中對他說，**要是連你都不知道，我又怎麼會曉得？**我以更輕率的態度反問，這是在**推卸責任**嗎？可是這全部只發生在我的腦海中。真正面對面的時候，我的態度含蓄，客氣有禮。我會小心地避免跟他閒聊太多，只想完成他兒子的家教課。

請留意，崔佛這樣的孩子並不需要運動獎學金，他們家的財力足以供他唸幾百次大學。事實上，這些孩子更可能因為家長額外開了張支票給校方發展辦公室而順利入學，而非仰賴自己的運動技能，不過他們還是會繼續打下去。孩子想進第一級別學校

（Division I）[34]參與賽事時，尤其是長春藤聯盟，必須符合美國國家大學體育協會（NACC）設計的指標標準，包括在校成績和SAT分數。大學通常不會接受來自菁英私校的孩子參加賽事，除非他們位居指標的最頂端，因為學校會將校隊運動員的成績平均起來。運動表現優秀的孩子，不見得在校成績和SAT擁有高分，所以教練通常只接受分數很高的菁英私校孩子，因為私立學校的孩子通常球技不是最頂尖的。我共事的那些孩子們不一定擁有那樣的成績和分數，所以不管他們做什麼，都無法符合長春藤的指標。因此，他們父母的捐款是更可靠的入學管道。

儘管如此，紐約仍是個神祕的競賽運動之地，孩子會為了進菁英大學而參與競賽。布魯克林尤其是壁球運動的聖地。父母會加入布魯克林高地東河邊一個名為「高地賭場」（Heights Casino）的高檔俱樂部。這個機構位於一棟美術風格建築裡，擁有壁球球場和專業球員（儘管取這個名字，裡頭並沒有博奕活動——昔日的賭場就是個社交俱樂部），父母視這些課程為孩子進入長春藤聯盟的門票——除了康乃狄克州郊區之外，美國只有這裡看重壁球。有些人能一路打進菁英大學，因為不是很多美國人都能接觸到壁球球場。

在布魯克林高地的菁英中，壁球幾乎成了一種信仰，這個地區雖然位居布魯克林，但以特權和尊貴程度來說，類似上東城。這裡是很多銀行家的落腳處，距離華爾街只有一個地鐵站，而他們的孩子打壁球。這些孩子無止境地打著球，上學的時候，還能看見他們的提袋裡塞著壁球球拍。他們在清晨和黃昏的時刻打球，壁球教練不少是來自埃及，那是英國殖民文化的傳承。其他孩子會遠赴埃及打球——或者說在「阿拉伯之春」（Arab Spring）[35]之前會去。在時局動盪的高點，群眾在埃及開羅塔利爾群聚抗議時，曾經有個布魯克林的家長甚至向我嘖嘖抱怨：「埃及的學校因為這場革命停課了，那裡的孩子有更多時間練壁球，可以搶得優勢，這樣不公平！」有些孩子固定會去耶魯，那裡有大型的聯賽。這些孩子滔滔說起自己的排名，就像其他孩子聊起自己的串流音樂平台Spotify播放清單。

面對無時無刻的競爭壓力，這些孩子因應的方式五花八門，最好的是打電玩，最糟的就是像崔佛這樣，變得肆無忌憚，試圖拋開父母細心為他們建構的生活。他們甘冒風險，動機只是為了自我毀滅的潛在需求。

崔佛把大部分的心事都告訴了我，說他抽大麻抽上了癮；他透過運動賽事結交了可以供貨的朋友。不久，照他的說法，他開始擔任中間人，協助朋友運毒並賺取外快，那

---

㉞ 譯注：美國國家大學體育協會校際體育賽事的最高級別。
㉟ 譯注：自二〇一〇年底開始，在北非和西亞的阿拉伯國家蔓延開來，以民主和經濟等為主題的社會運動。

些錢則收在書桌裡。他計劃投資大麻股票。他要我放心，為了毒品交易，他用的是警方追查不到的簡訊功能。

「你真心以為警方追查不到那個簡訊功能？」我問他，暫時選擇不理會他更嚴重的行為問題。

「布萊絲、布萊絲、布萊絲，沒錯！絕對追查不到。」他雙手沿著臉龐往下拉，裝模作樣地假裝無法相信我認為紐約市警局能夠智取青少年。

「我覺得不大可能。」我告訴他。

「噢！我的天！真的可以，所有的毒販都在用。布萊絲，妳根本不知道自己在說什麼。」

我們像這樣兜圈子兜了好幾分鐘，毫無進展。

當我堅持要跟他父母報告他在做的事情，他的怒氣卻十分短暫。看來這一切只是虛張聲勢，他其實巴望著有人在他高中倒數第二年期間出面阻止他的自我毀滅。我很怕打那通電話給他的父親。當崔佛的父親接到我告知他關於兒子的消息時，只是語氣肅穆地說了聲「謝謝」，然後我就沒再聽說這件事了。他不覺得有必要跟我討論；事情會在內部處理。

令我驚訝的是，崔佛並未因為這個狀況而面對真正的後果。對於運動比賽之外的事，他父親的態度出奇寬容，彷彿其他事情都無所謂，只要崔佛繼續邁向長春藤聯盟，他可以原諒兒子短期兼職毒販。

這種缺乏家長管教的情形相當普遍，也會在教室裡出現。我在一所高級私立學校教書的時候，曾經被一群高二男生調侃。「妳是空姐嗎？」他們問我，因為我當時圍著藏族風的圍巾。我甚至不確定他們為何將圍巾跟空姐身分連結起來（雖然我猜有些空姐會圍圍巾，但他們的第五大道母親也會）。他們顯然樂於貶低我——他們的老師。我嘗試繼續教學時，他們接二連三脫口說：

「可以給我堅果嗎？」

「可以替我倒杯汽水嗎？」

「我的啤酒呢？」

傳來不少笑聲，時而喧嘩過度。

我隔天臨時宣布要閱讀小考，而且以後每天都要小考，直到他們有點進步為止，他們便不再嘻笑了。很多人一臉難以置信地回應：「可是妳不能對我們這樣，葛羅斯伯格博士！」我接到很多家長的電子郵件，抱怨說不該責怪他們的兒子，這樣針對孩子並不公平。沒有一個家長或學生支持我或寄出任何致歉的電子郵件，但這些孩子最終學會勉強給我一點尊重（也許只是因為我的固執傾向有時可以很極端），也學了點歷史（可能也學到怎麼待人接物）。

有不少孩子活在一種區域裡：那裡唯一的責任只有學校和運動。和崔佛一樣，艾力克斯的人生中，大部分時間也都在球場而不是床鋪。下午時，一輛黑色休旅車會開到他的私立學校，將他載去上私人網球課。他球技高超，不適合普通校隊，所以每天都需要跟教練接觸。他放學後會打幾個小時，有時也在黎明起床，趕在上學前去打球。他的教練會觀察他打球的每個層面，他在全國是有排名的，他知道自己的排名狀況，也不吝讓其他人知道。

無論是下雨、雨雪交織或甚至下雪，艾力克斯的司機——一個波多黎各的移民——都決心要把他負責照顧的孩子載去練習。在車陣中，司機緊張地輕拍方向盤，因為不想打擾乘客，會聽著把音量轉得極小的騷莎音樂，艾力克斯則在後座用手機打電動。因為珊迪颶風來襲導致學校停課、市區關閉一週時，艾力克斯的母親甚至堅持兒子繼續練習網球。幸運的是，在城市大部分的地區停電時，網球俱樂部還能正常供電。

艾力克斯早已不記得是何時，甚至是否曾經決定要投入這項運動，但贏得全國網球排名彷彿注定是他的命運。練習在晚上七點結束，凱迪拉克休旅車Escalade開到俱樂部，將艾力克斯安全載回公園大道的公寓大樓。他跟司機相處的時間甚至比父母還長得多，他們往往在我的寫作課進行很久之後才回到家。我們寫作的時候，他會用想像的球拍劃開空氣，彷彿心思永遠不曾離開球場。即使坐在電腦前，我也可以想像他弓起肩膀，抹掉鼻頭的汗水，準備下一次的截擊。

儘管把人生的大部分時間都耗在那輛休旅車上了，但艾力克斯確實心思敏捷。他的話不多，但是當我們談起二次大戰後的郊區化現象，他可以寫出「郊區化在戰後加快了速度，讓享有優勢者搬出市區」。他立刻掌握了公路和郊區的增長，以及白人遷徙之間的關連，我不用特別多加解釋，而且他的寫作風格清晰，信手拈來。望著他難以捉摸的臉龐，我看不出他怎麼會懂這麼多。他就像《大亨小傳》裡的人物「貓頭鷹眼」，可以看見並且憑直覺認清很多事情，即使他並未從電玩主機抬起頭來。

艾力克斯的白天時段排滿了活動。不是跟私人教練打網球就是出門參加聯賽，或是跟有耶魯背景的家教上數學和科學課。他另外有一個ＳＡＴ家教，時薪八百美元，幫他處理應付測驗的各個層面，細節小至考場該坐哪裡，以及不同科別間該吃什麼零食補充體力。

他也有幾位心理醫師，協助他處理焦慮。近年來，所有孩子的焦慮程度都急速攀升，這是透過智慧型手機跟他人無時無刻保持接觸以及使用社群媒體的結果。有錢孩子的焦慮等級堪比國內最貧困的孩子。他們各自與不同的壓力搏鬥，但同樣面對著令人心神不寧的不安全感。窮人不知道自己要落腳何處、如何生存、如何應付種種生活開銷，甚至能否安全返家。有錢人則不知道自己的處境如何，或是自己表現得夠不夠好，或是別人愛的是不是他本人。他們的壓力非常真實，雖然就別人看來也許並不緊迫。艾力克斯的醫生也花很多時間跟他的父母商談，他們擔心他的淡漠，協助他針對學校課業和標準化測驗擬定策略。

雖然他的父母非常富有，他這輩子大可靠他們計劃給他的錢過活，但他們仍然覺得他進入頂尖學府是至關緊要的事，意思就是長春藤盟校。

想弄懂哈佛、耶魯、普林斯頓（入學術語簡稱三校為ＨＹＰ）對有錢的父母來說，為何意義如此重大，是很複雜的。對窮困的父母而言，進入這類型的大學表示孩子即將踏上通往全然不同人生的道路。對有錢的父母來說，則比較像是希望投資得到回報——如果孩子進入這類型的大學，那麼他們當初投注在孩子身上的時間和資源全都值得了。

當然，在這個時代，大家在社群媒體貼出大學入學結果，能夠吹噓孩子錄取ＨＹＰ是很甜美的事；就像大家會在高檔餐廳拍出晚餐主菜貼在網路上，兩者道理可能相同。他們想讓其他人欣羨。來自費城主線區（Main Line）的父母也很提防地位下滑的任何徵兆——唯恐自己不再位於頂尖。

艾力克斯的父母把期望放在哈佛或耶魯，但賓州大學的機會可能最大，因為他的父母是校友。以傳承角度而言，或是身為校友的孩子，他在入學審核過程中也占有優勢。

例如布朗大學，有三分之一的錄取者都是來自傳承，其他申請者占比大約只有百分之十三。其他長春藤聯盟學校也有類似的傳承入學率——在哈佛，傳承者的錄取率比其他學生高出五倍。

去練球的路上，他在休旅車裡玩手機上的電玩，不需要自己做任何功課。他等著家教做。他所有的需求都有人照應。回家時已經有晚餐在等著。房間永遠都是收拾好清理過，洗乾淨的衣物會神奇地回到抽屜。他這輩子從沒去買過吃的，但知道如何訂外送。他的談話對象很少，幾乎只有網球教練；還有他跟學校的一些孩子碰面抽電子菸的時候。但他只能利用在校的空閒時間做這件事，因為放學之後他也非常忙碌。他以這種驚人的速度長到了十六歲，雖然被診斷出憂鬱症，但他卻沒意識到自己的憂鬱。

艾力克斯麻痺過度、受到控制，所以也不覺得焦慮。他沒有喘息的時刻，所有的不確定——大部分——都從人生道路上移開了。他不必思考，只要可以離開父母或活動排程的時間，他就會投入各種自我麻痺——先是玩電玩，再來是抽大麻。他根本沒有時間去思考自己的情況，自然意識不到自己陷入了憂鬱。可能在之後的日子，他才會有所領悟吧。

與崔佛相同，艾力克斯後來被人發現在網球俱樂部哈草，也成了大麻重度使用者。教練打電話回家給他的母親，她一直知道兒子在呼麻，卻認為是邪惡的同學塞給他的。

她沒意識到的是，他也會偷東西。她在公寓裡到處放錢——有時候多達幾千美元——而有些錢不見了。對於塞了多少錢進抽屜裡，她態度馬虎，所以起初也沒意識到艾力克斯會一直往自己的名牌牛仔褲口袋裡塞上幾百美元這件事的嚴重性。直到後來她開始盤問兒子，最後才問出他拿錢的原因、把錢花去了哪裡。

雖然艾力克斯生活在全世界最有活力的城市，但他的世界很小，跟紐約在地人的互動方式非常有限。這輩子，他不曾主動踏進城市，而是由城市來到他面前：嬰兒照護員、保母、管家、清潔人員、家教、主廚、運動教練、健身教練和其他上門的訪客。他的家就是他的世界，而他上的私立學校，就是家外之家，一個高檔程度類似的隱蔽之地。

◆

這些孩子沒什麼時間可以喘息，待在自己臥房的時間也不多。在我的成長期間，我會花好多時間盯著臥房的天花板，甚至熟知上面每個漩渦木紋。有許多個下午，尤其在夏天，我閱讀、睡覺或做夢。這些孩子既沒時間做那些事，也沒那個意願，因為他們老是掛在手機上。當然，今日美國的中產或中上階級裡，很多孩子也是如此。可是在曼哈頓和布魯克林，富家孩子的狀況更誇張。

這些活動類型有什麼實際的副作用？睡眠缺乏是肯定的。焦慮也是肯定的，而且往往會引發憂鬱。紐約菁英孩子們的焦慮和憂鬱相當明顯。南布朗克斯區或東紐約的孩子們，只求安全上學、幫家長保住一個遮風避雨的屋頂都要經過百般掙扎；專家相信，比起那些孩子，富家孩子的憂鬱程度高出兩倍。

這樣看似說不通，但調查結果相當可靠。艾力克斯、崔佛、莉莉這樣的孩子，都是溫室裡的花朵，由家長與支援人馬一起撐起，但他們很清楚孩子的程度不夠。父母拖著他們去讀大學，他們餘下的成年人生要怎麼應付那種不夠格的感覺，可就很難說了。

哥倫比亞教師學院榮譽教授及「真實連結」（Authentic connections）共同創辦人桑尼雅・路瑟（Suniya S. Luthar）的研究，暴露了富裕的風險。一般認為，高社經地位的孩子發展出毒品濫用相關疾病、焦慮和憂鬱的風險較低，但研究顯示恰恰相反。事實上，比起社經階級極低的孩子，富裕父母的孩子染上毒品濫用的風險更高。

路瑟和她的同事相信，富裕孩子的問題有不同的「途徑」（pathways）或解釋因子（explanatory factors）。

其一，路瑟說，是因為家長重視孩子的成就甚於個人特質，因此在孩子的成就施加壓力，而他們的孩子吸收了這種壓力。另一，是與成人隔離，因為富裕的家長們比較不可能花時間跟孩子相處，孩子也更可能投入課後活動，侵蝕了家庭時光。

研究顯示，即便只是和雙親的其中一位共進晚餐，長期而言對孩子也有保護效果，但這在很多富裕家庭裡並非常態。第五大道的孩子們常常獨自在家，從家長得到的注意力往往又與成就有關，而非生活裡的其他部分。路瑟發現，無論是非常富有或者非常貧困的孩子，都可能更佩服能公然反抗權威的同儕。

包括研究者及大眾，長久以來或許都理所當然地認同——社經地位愈高，好處愈多。但路瑟表示，抵達社經階梯頂端時，那些好處會漸漸停止，甚至下降。不少研究顯示，較高「社經地位」（簡稱SES）的孩子，會有更好的人生，但路瑟強調，這些研究主要針對的是中產階級孩子。直到現在，如她一般的研究者才仔細分析這些主張，想研究對孩子而言，擁有太多好東西是否多少會造成物極必反的現象。在路瑟的研究裡，最高層級的富裕常常伴隨著高壓的生活風格，而孩子往往可能出問題。

艾力克斯就像前百分之一家庭的諸多孩子，比起其他經濟階層的孩子，更可能濫用藥物和酒精。路瑟的研究追蹤較富有的孩子們直到二十多歲，她發現到了二十六歲，孩子們被診斷出毒品濫用問題的機率高達兩至三倍。富裕的孩子更可能有暴飲及濫用利他能（Ritalin）[36]和派對藥物如古柯鹼和搖頭丸的情況。路瑟相信孩子們是用這些藥物來處理父母期望所帶來的壓力。她認為，高度重視成就的社群裡，有很多途徑會導致問題。

路瑟說：「這是適者生存的心態。城內貧民區的孩子爭相想看誰能活著出去，高成就學校裡的孩子也有這類的心態，他們認為：『就只有那麼幾個好大學或好職涯，我若損失就是讓你獲利，你若獲利就是我的損失。』」

她的成果顯示，孩子持續使用藥物的情況可能直到大學，家長仍刻意視而不見，因為他們更關心孩子的學業表現。不過，艾力克斯的父母認真看待他的藥物濫用問題，帶他去看心理醫師；心理醫師後來的診斷是，艾力克斯沉默不語、毫無反應，無法敞開心房討論事情。

◆

在許多富裕孩子之中，也有一種大到足以擊沉鐵達尼號的特權感（sense of entitlement），彷彿他們害怕自己不真的夠格，而特權可以填補靈魂裡的破口。就讀紐約菁英私立學校的白人男孩，絕對很清楚自己在世界上所站的位置，以及如何讓這一切成為可能。我在某間曼哈頓私立學校所教的學生，有一些甚至相信社會達爾文主義——

---

㊱ 譯注：一種短效的中樞神經活化劑。

簡單來說，就是這個備受質疑的概念：人之所以富有是因為此人更優秀。他們全心全意捍衛這個觀點。有個公園大道來的高二孩子，毫不害臊地向我說明：「我們之所以在這裡，是因為我們的父母就是比其他人的父母更聰明、運動神經更優秀。」我當時（現在依然）喜歡他加了「運動神經更優秀」這點，雖然這男生笨手笨腳。

起初，我雖然察覺學生那種有腐蝕性的焦慮，但並不會侵蝕我的生活。當然，我是會擔心沒錯——當他們有太多事情要忙，或是他們告訴我要熬夜到凌晨三點，或是羅德島有一場排球冠軍賽會干擾期末考的準備的時候。但是他們的生活不至於讓我在夜裡輾轉反側，醒來時肚子裡有種反胃感，直到我開始在深夜接到電話。

例如，我曾在晚上九點半接到蘇菲母親的電話。「蘇菲想找妳，她為了生物考試感到難過。妳可以打電話給她嗎？她哭了整晚。」她以嘶啞的長島嗓音告訴我，背景是餐廳的嘈雜聲響。

我打電話給蘇菲，可以聽出只是一個青春期的孩子經過情緒起伏的一天，筋疲力盡，晚上需要找人講講話而已。她啜泣：「我的生物考試得了B⁻，我明明那麼努力。」接著是一長串的牢騷，包括「我的朋友沒有邀我去吃早午餐」和「我的英文老師霸凌我」。依她對世界的理解，只要是她不喜歡的行為，大部分她都視為霸凌，包括指定的回家作業。在她將世界裡的大部分人一連串形容指控成惡霸之後（包括她好友的母親，因為她堅持女兒晚上十一點前要回家），蘇菲迅速恢復正常，準備結束通話，說她得準備隔天的數學考試。我領悟到她只是需要找人聊聊，而她母親把這件事外包給我。她的父母以無比熱情投入生活的每個層面，卻不願在女兒身邊陪她。她的哭聲迴盪在空蕩蕩的白色公寓裡，然後落在她擺放完美的利摩日盒子上，它以華麗的法國瓷製成，附有黃金彈簧。另一次，蘇菲在校外教學外宿時扭傷腳踝，陪同的老師打不通她父母的電話。後來是由老師先載蘇菲到紐約上州急診之後再送她回家，後來她父母解釋說，他們當時正忙著商務活動，無法中斷。

最後，蘇菲還是惹上了麻煩。她的母親來電請我寫封信給法官，解釋蘇菲為什麼無法完成課後服務——因為她要上很多家教課。我佩服她母親可以用這麼簡潔的方式敘述每件事。法官質疑為什麼蘇菲不能成為更好的公民，為何不能投入社區服務，她的母親卻希望我提出解釋：蘇菲的課後時間要上家教課。

她的母親解釋：「蘇菲出了個意外，我想是朋友慫恿她的。總之，她只是偷了兩樣東西，店家卻想殺雞儆猴。她一直很喜歡妳。」她總是用這種方式遂其所願，因為她知道我心腸軟、可以為了想幫忙她的女兒而任她使喚。「關於那封信的寫法，我會把蘇菲律師的指示交給妳，下星期前就會用到那封信。」

我寫的那封信有點類似蘇菲的人格宣言，得讓法官看出她是個優良公民。蘇菲決定在非常高檔的百貨公司順手牽羊，結果該公司不願息事寧人。她只挑了幾樣東西，包括鑲鑽耳環，但現金總價對百貨公司來說可不是玩笑。他們準備提出告訴。我根據律師提供的樣板寫了封信，內容包括蘇菲就讀的學校、她擁有的學習問題，以及我每週擔任家教的時間。我想到她的房間裡那些排列完美的利摩日瓷盒，以及她有多少個晚上跟小狗和管家獨自在家。她真正想從那家百貨偷的到底是什麼？是關注和愛嗎？我等著蘇菲提起自己被逮以及被要求做社區服務的事，但她三緘其口。

週三這種小週末的夜晚，父母們不是去參加芭蕾慈善表演就是身在巴黎——在這樣的世界裡，我不只是個家教。在這個隨著校內成績、SAT分數、大學入學、壁球排名起起伏伏的世界裡，孩子每分鐘的行動都顯得極為重要。相形之下，孩子的生活就沒有這麼多關注，例如他們需要在一天的尾聲找人聊聊，或是有時會長青春痘這種事。

不過，直到認識十六歲就住在時髦飯店房間裡的班恩之後，我才真正被心痛擊垮。類似的飯店，每晚幾乎要價一千美元，他的父母跟弟弟也住在附近的一個房間，卻永遠不在家。他的父親碰上了法律問題，不得不賣掉上東城的褐石宅邸，而他的外籍母親以業餘選手的身分四處巡迴打著高爾夫球。他沒有廚房，他的母親會在門下塞張紙條寫著：**自己點晚餐，我出門去了**，他可以從客房服務的菜單隨便點菜。他最愛的一道就是飯店的巧巴達漢堡，要價二十七美元，上菜時還會伴著一條套在銀環裡的亞麻餐巾捲。

他的房間就如同大部分飯店那種無人居住、打掃乾淨的模樣，唯一能窺出他過往褐石宅邸個人色彩之處，就是他的電玩主機。認真的房務團隊天天都會整理房間，他在房裡留下的痕跡都會被抹除，甚至連菜單都會細心地擺回原位架好，為了環保而建議重複使用毛巾的房務提示卡也是。他的書桌上唯一的東西是才結束諮商的心理治療師名片，對方是曼哈頓上東城的一位博士。他的運動器材不在視線範圍內，也許收在衣櫃裡。他的雜物只有堆在棉被上的背包和幾件運動褲。

曼哈頓私立學校的諮詢員請我幫班恩上課，因為他目前正在研讀的文學程度太複雜，撰寫作業對他來說有困難。班恩沒有家長監督，每天的時光就在過敏醫師、治療師和客房服務間消逝。

他總是沒有恰當的服飾可以穿去上學，因為父母常忘記替他購物。他的母親現身時總是一身名牌服飾，他參加學校的運動會時卻穿著有破洞的棉衫，其他的孩子則按照規定穿著整潔的馬球衫。他的母親無所不在——社交活動無役不與，每次見到她卻愈來愈憔悴，夏天則總在漢普頓度過。總之永遠不在家。

孩子生活的常規細節不在她的管轄範圍裡，飯店受僱的職員只得在能力範圍內盡量幫忙照看這個男孩，但是在他身邊活動時卻也相當緊張，彷彿能否保住飯碗都仰賴他的滿意度。

我到飯店去替他上課，我們會到小型商務中心，那裡能俯瞰幽暗的雞尾酒吧，還有七〇年代在賭城紅極一時的情歌歌手在那裡演唱。商務中心沒有門，暗示著沒人真的會來這家飯店工作，只是要享受那種氣氛。他點了杯柳橙汁，結果端上來時還配著一顆插在劍形牙籤的醃漬甜櫻桃，盛在雞尾酒杯裡，彷彿飲料離開吧台一定要偽裝成酒精。他搭計程車上學，沒人目送他離開，或確定他是否帶了作業和運動服裝。沒有人提出任何異議——在他位於上東城的私立學校沒有人出聲，飯店也沒有人出聲。他們都領了太多錢，不好表示意見。

他的指定作業是《大亨小傳》，卻連翻都沒翻，反倒意外地對《我彌留之際》懷抱熱忱。福克納這個荒謬主義風格的故事，講的是一個貧困南方家庭，邦德倫一家徒勞無功的追尋，目的是要埋葬他們的母親。班恩言簡意賅，天性沉靜。我幫他上課的時段，他會任由一段又一段的《大亨小傳》流淌過去，完全不予置評，彷彿美國夢和它的瑕疵並不適用於他正在崩解的家庭上。但不知怎的，約克納帕塔法縣（Yoknapatawpha）[37]與班恩的曼哈頓在地理和文化上都隔著距離，邦德倫一家卻深深吸引著他。

「我好愛邦德倫一家！」他會在極少見的快樂時刻這麼說，臉上閃動著笑意，然後轉眼縮回自己的殼和世界。學年結束時，他那份福克納的報告贏得了高三學年最高分，他則出發前往漢普頓。

另一個處境令我難以成眠的男孩，獨自住在公寓裡。他的父母離婚，父親週間在別的城市工作。這個家庭在同一棟大樓替兒子的前任保母買了間套房，以便他需要成人照護時能就近照顧。但他才十六歲，大部分的週間夜裡都是形單影隻。很多孩子跟他一樣，孤伶伶的，他們的父母如果不在漢普頓就是經常出門旅行，甚至連落腳在哪個城市都不一定知道。

這些孩子就像蓋茲比，在自己的屋子裡卻不完全真是在自己家裡。尼克在蓋茲比的大宅裡走逛時觀察到，「他的臥房是所有房間裡最簡單的——除了五斗櫃裡妝點的一套黃金盥洗用具。」這棟房子最內部的寢室非常樸素，很少有客人會進去，因為——一切都只是為了對外展示。

㊲ 譯注：美國小說家福克納以密西西比州拉斐特縣為基礎虛構而成的地名，曾出現在他筆下的多部作品。

# 5 第五大道的佛洛伊德

一個昏昏欲睡的冬日早晨，我從布魯克林搭地鐵到曼哈頓，很高興找到一個空位，翻開剛出刊的《紐約時報》。有機會在地鐵讀報真是美妙到超現實，因為我很少搶得到座位，不禁滿懷期待地蜷起腳趾頭。

啊，蘇菲的父親就在頭版上，穿著一身直紋西裝，真巧，他漸禿的腦袋前舉起的也是《紐約時報》——相片中的他正以報紙阻擋鏡頭。我放下報紙，心臟狂跳，不確定自己能否繼續讀下去，但我還是讀了。他遭到金融犯罪的指控，正在接受調查。

那天下午，我必須到蘇菲家上課。朝她家那棟大樓走去時，我心裡閃過多種提起這個話題的方式。我是不是只要問問她的感覺就好？我要等她主動提起這個議題嗎？還是直接投入她正在研讀的內容——中國的鴉片戰爭？我從來不曾碰到這種狀況，就像從未當面提起她順手牽羊的事件，而我希望由她先開頭。

我按響門鈴，一如既往，傳來小狗的狺吠。菲律賓裔女傭接過我的外套，告訴我，蘇菲在她的房裡。我發現她躺在床上，放著喧鬧的音樂，音量也只比平日大聲了一點。她沒跟我打招呼就扯著嗓門大喊：「媽！布萊絲來了！」她告訴我：「我媽想跟妳談談。」她跟著音樂哼唱，走進她專用的浴室。她的母親瑪莉亞快步走進房間，飄出一陣香水香氣，手腕上的金環鏗鏘作響。我做好面對眼前懇談的心理準備，隨時預備要說：「很遺憾，如果有什麼我可以幫忙的……」或是當某人親戚遭控違反金融法規的消息大剌剌登在《紐約時報》時任何能說的話。

瑪莉亞說：「噢，布萊絲，好，我只是想讓妳知道，蘇菲的法國大革命報告拿了 $B^+$，不確定是怎麼回事。」她掃視這份報告，用抹著紅蔻丹的指甲描過。「噢，在這裡，老師說要有更多的基本資料，所以，如果妳可以幫忙蘇菲一起重寫……」

我目瞪口呆，無言以對。「當然。」我喃喃。

蘇菲從浴室出來，模樣比之前收斂。我們一起上課，沒有任何多餘的閒聊。我一直在等待恰當時機提出大家刻意迴避的問題，覺得那個問題就像長島蒙托克（Montauk）的大浪從我們之間湧過。我一直想著她會先開口說點話，或是我先開口，但我們都沒有。我終於明白，她並不想談這件事。她只是希望我在場，如同以往每週三固定出現，在她的生活中建立某種常規，這個話題我們就這樣放著，不曾提起。

蘇菲的英文老師打電話來，跟我閒聊起她的事，說：「我就知道她父親做了不對的事。」

「可是，你又怎麼會知道？」我問他。

「那麼有錢的人總是做了什麼，才能得到那種優勢，他們怎麼能夠表現得比別人更好？因為他們違法。」

接下來幾天、幾個月、幾年，我無止境的思考這個觀察。我不確定該作何感想；表面上看來好像有某種真實性，但我無法確定。我想相信，真相並非如此。

當蘇菲全家經歷這段痛苦而她絕口不提的期間，他們決定賣掉公寓。「我們是游牧民族。」她的母親語氣誇大地宣布，在尋覓新公寓時會暫時搬進一間豪華飯店的套房。結果，發現蘇菲碰上了處境相同的人。她的學校有另一個家庭（不是班恩）就住在飯店的同一條走廊，他們家的房子正在整修。那棟上東城的褐石宅邸原本看來已經好到足以登上全國雜誌，但他們住了幾年就覺得需要修繕，決定拆掉廚房，以環保系統重新打造裝潢，所以暫時也成了游牧民族。

蘇菲的家人以嶄新的活力將重心轉移到她和弟弟的成績上，她的弟弟顯然是個會拉小提琴的成功學生。即使她父親正忙著準備反擊，但瑪莉亞仍不時造訪蘇菲的學校。當蘇菲歷史報告又拿到B的時候，瑪莉亞直接越過老師，大步走進學校首長的辦公室。她請我參與這場會晤，並告訴學校的高層：「蘇菲從沒拿過這種成績，我想老師和蘇菲一定是一開始就處不來，因為對這所學校而言，我們家蘇菲的政治立場是有點太保守了。」

我和學校首長面面相覷，他拿起報告審視閱讀時，濃密的眉毛上下移動。他說：「我不確定這個分數反應了政治差異。她呈現出來的參考資料格式不對，對主要資料的解讀也不夠深入。」

現在正是蘇菲母親祭出絕招的時候，「你也知道，這段時間對我們家來說很難熬，」她聲音嗆咽地說，「我們以為這類型學校的教育人員會對蘇菲較為禮遇。她向來是個表現優越的學生。我說過，她沒拿過這種成績。」

瑪莉亞應該加入丈夫的辯護團隊。校方允許讓蘇菲重寫報告。不久之後，她父親被判了一筆對他而言數目小到毫無意義的罰款，順利避開了牢獄之災，而她在班上拿到A⁻。不過，她的母親依然擔憂。

在學年的最後一次家教期間，瑪莉亞把我拉到一旁說，「妳也知道，明年就是高三了，對蘇菲來說，真的很關鍵。妳覺得她準備好了嗎？」

我說：「準備好了，她這個學年進步不少。閱讀狀況良好，態度積極，對於她想提出的論點也都能先思考是否有足夠的佐證。」

「唔，我不確定，她的老師說的話，讓我滿困擾的。」瑪莉亞將女兒的報告從花崗岩流理台上抽起來，報告皺成一團，顯然她已讀過了無數遍，用紅蔻丹指甲描過字字句句。「她說蘇菲還是挖掘得不夠深，說她的構想應該更有順序。這點，布萊絲，妳幫得上她嗎？」

我不知道該怎麼回應。我當初跟蘇菲一起整理她的構想，但我只能去處理她親自提出來的想法。我已經擔任了兩年家教，對於瑪莉亞居然還能質疑我的基本原則感到很驚訝。但我只是說：「當然，當然。」

「我們從下星期開始會在漢普頓，妳什麼時候會去東邊？」

「唔，我不會。」我告訴她。

「那妳會去火島（Fire Island）[38]嗎？」

「不，不會，我會留在這裡，然後去麻州一星期，我的父母住在那裡。」

「所以沒有往東走的計畫，嗯？」瑪莉亞一反常態，不知所措，對於我整個夏天都不會離開市區感到難以置信。「那我們就得想辦法把妳弄過去，或者透過Skype？她可以在打完網球以後跟妳Skype嗎？」

「可以，當然，我們可以開始進行秋季的閱讀書單。」我說。瑪莉亞一臉如釋重負，我猜想當她丈夫避開牢獄之災的時候，她可能也有類似的感受。「太好了，布萊絲，那我們就Skype吧。」她輕拍我的手。

佛洛伊德對精神官能症（neuroses）有深刻理解，正如他所預測，瑪莉亞所展現的恐懼在紐約菁英圈裡非常普遍，儘管他們的財富日益增加。我們身處其中的新鍍金年代裡，現實是，頂端的百分之一——尤其是頂尖的萬分之一，擁有的比以前更多。他們徹底掌控了全國的貨物和財富，且獲得的財富不斷攀升，而我們其他人只能眼睜睜看著自己的財富下滑或停滯不前。但他們對自己在世界占有的位置，**感知**非常不同；他們相信自己如果不能時時發揮狂熱的競爭力，就會墜落。諷刺的是，他們的財富也無法帶給他們平靜，而是使他們更加忐忑不安。

過去的鍍金年代，滿是男男女女在夏季大啖沾龍蝦醬的去骨雞肉與比目魚，在紐波特搭乘遊艇，但新的鍍金年代，男男女女時時工作、焦慮不斷。他們把手機和平板帶上帆船，即使在中產階級，這種現象也並不罕見，但菁英的某種過度活動（hyperactivity）讓他們工作超載，而這也延伸到他們生活的方方面面。

鍍金年代的菁英並不懼怕外在的威脅，因為也似乎沒有好怕的。他們怕的是某種來

㊳ 譯注：位於紐約長島南岸的狹長外島，三面瀕臨大西洋，風光明媚，是受遊客歡迎的觀光勝地。

自內在的軟弱，他們認為那種破壞力和侵蝕性的柔軟，會使自己階級下滑。結果，他們孩子的學校特色就是嚴峻的環境和強悍的校長。當時最惡名昭彰的也許就是格羅頓學校（Groton School，現在跟早期那種斯巴達作風毫無相似之處），由創校校長恩迪科特・皮博迪牧師（Reverend Endicott Peabody）治校。他可說是他自己倡導的「健碩基督教」（muscular Christianity）的化身，即使當時惡名遠播的O. K.牧場（O.K. Corral）槍戰才發生不久，也不怕在亞利桑那州墓碑鎮為了新聖公教會挨家挨戶募款。格羅頓學校早期只招收男學生，校方只准他們沖冷水澡，一星期領到的零用金不能超過二十五分美元，即便他們來自全國最富有的一些家庭。

作家克林頓・特勞布里吉（Clinton Trowbridge）在一九四〇年代早期就讀格羅頓學校，寫到自己曾經受到「黑點」懲戒，表示要繞著校地中央的「圓圈」跑步六個鐘頭——**六個鐘頭！**學生要是犯下更嚴重的違規行為，會被判處「黑死」，這種懲罰是將他們鎖在一個房間三天，只靠麵包、水和一本聖經維生。

現今，無法想像父母——甚至是州政府當局——贊同這種類型的懲處。今日的私立學校並不遵循斯巴達信條。這些學校設有地毯和吊燈，還有舒適的圖書館，孩子可以在皮椅上補眠。許多學校餐點服務會供應美食，碰上節日還有節慶餐點加上高級熱可可。紐約市私立學校不見得都附有運動場館，但大部分都配有健身器材的體育室、舞蹈教室、合唱教室以及最先進的化學實驗室。除此之外，管教相當鬆散，最糟的懲罰就是要小孩放學留校或提早到校。

但，學校可以做家長批准的事情。現今，雖然體罰和不合理的懲罰不被允許，但學校常常會將學生推到心理極限。今日學校的斯巴達元素來自課堂本身，程度遠比過去嚴格許多，或許很多學生反倒更喜歡皮博迪時代在格羅頓的冷水澡。在某所學校，孩子國中就得讀《奧德賽》未縮減的全譯本。高中歷史課期待學生已經熟知傳統歷史敘事，這樣他們就能專心分析主要資料，像是切羅基民族法案（Cherokee Constitution）以及威廉·詹寧斯·布萊恩（William Jennings Bryan）[39]的「黃金十字架」（Cross of Gold）演說。這些文件寫就的時間是幾十年前，甚至是幾世紀以前，學生需要有無比的耐性去解讀。在許多狀況裡，孩子就是不懂那個脈絡，無法讀懂，有些私立學校的老師卻覺得孩子應該有這種基礎知識。因此，老師不會提供相關資料，學生只能自力更生。

在數學課上，有些學生的程度超前幾年（表示到了高四，程度已經高過標準的微積分課程），可以透過線上教育聯盟或前往大學上課。程度沒這麼好的學生則會深感不足，無法追上進度。同時，他們也被期待參加課外活動，投入橫掃學校的行動主義潮

[39] 譯注：一八六〇年～一九二五年，美國政治家、律師，曾經三次代表民主黨競選總統。

流，有形形色色的學生社團，針對LGBTQ+、拉丁裔、女性主義者（男女不限）、雙重種族、亞洲裔、猶太人等各種選項。簡而言之，學生被延展到了極限。學校介紹手冊把這類的充實增廣課程（enrichment）寫得很討喜，實際上，大部分時候都令人疲於奔命，無論對家長、學生和老師都一樣。

課堂的討論有時很激烈，往往有利於習慣插話和自我表達的學生。有些孩子喜歡威廉——那個反對社會階層影響金錢觀的男孩；他們很擅於獨攬討論。威廉的自信心高漲到無禮的地步（或是看似如此），而且他會為了取得證明論點的統計數字而耙梳報紙。他傾向搶話並打斷別人，讓別人說不下去。

而且，不只有他這樣。較無自信或口才沒那麼便給的人，很難加入那類對話。在我教書的一所私立學校，自由政治社團聚會時，對話以「爆米花風格」進行，就是某學生發言之後選出下一位發言者。但，話題明明是女性主義，我卻看到男生一個接著一個點名其他男生，現場幾乎毫無女性發言的餘地。有個女生終於被點名，她卻挑了另一個男生接著發言。有些女生舉起手，但大部分默默坐著，一臉無聊。有色人種的學生也很安靜，在這種自由社團的聚會裡，大部分甚至連手都不舉。

有語言學習障礙（language-based learning disorders）的孩子，像是蘇菲，也可能會被排除在這樣的對話之外。很難知道蘇菲是真的不想加入，還是因為難以迅速表達意見而早早放棄。老師時常提到她在課堂上的沉默，他們建議讓她隨性插話。這些評語也常出現於老師打在成績單上的樣板評語裡，她最後便置之不理。

諷刺的是，蘇菲在家裡的話很多。身為兩個孩子的老大，她會跟弟弟搶話，而且時時跟父母爭辯。彷彿因為她在學校時如此沉默，因此將所有的語言能量都耗在家裡。不過，說到底，很難判斷她在乎什麼。受到流行文化的影響，她會在網路追查最愛名人的八卦。她有時會一口氣花幾個小時瀏覽網路，對於小卡戴珊（younger Kardashians）的每日動態如數家珍，對自己的課業可沒那麼精通。

我擔任家教的那些孩子，大部分都受到迷戀名人心態的影響。彷彿滲透作用一般，他們透過真人電視秀學習著一切；他們不時提起那些真人秀明星，說得好像彼此是朋友似的。這些名人最為人所知的也不過是「名人身分」罷了，而他們的活動深深吸引著這些孩子。家長也知道這些名人，於是對話便圍繞著這些人——明明什麼都沒做，卻能自抬身價的名人。

重點在於，這種名人現象表示一個人等同於品牌，必須時時出現在媒體及社群網路。大部分的美國孩子頌揚名人，但只有位居前百分之一家庭的孩子可以效法名人的生活，所以兩者的連結也許更親密。他們會跟名人一起工作，或至少見過。每當有像前任洋基隊球員德瑞克·基特（Derek Jeter）之類的名人或運動明星來校參訪，一定會有學生說自己早已見過對方，或說他們住在同棟大樓，早上才在電梯裡見過。

這些孩子就是他們自己的迷你媒體活動中心。除了有社群媒體帳號，有些學生也有線上學校帳號，家長透過這些帳號可以掌握孩子的一切動態。莉莉的母親負責銀行裡整個部門的營運，卻還有空閒詳細分析女兒的每項作業，而且多虧女兒學校的網站，她回到家後還能知道女兒該做什麼。她知道女兒的作業何時該繳交，也曉得下星期有什麼活動。她常常在晚上九點半到家、趕著登上凌晨飛機出國前，連珠砲似的追問女兒成績和作業的事。

她常常從海外來電，我想她一定是暫離談判桌來打電話給我。德國前總理梅克爾是否在另一個房間等著自己的銀行家通完電話？她提到打了幾次電話去莉莉的學校，我一時覺得自己是個糟糕的家長：我對於自己七歲孩子的學校生活投入程度，遠遠不如她之於莉莉的高中生活，即便我從未離開紐約。真不知道她是怎麼辦到的。

我跟麗莎相處的時候，總覺得自己次人一等。她每個星期都想辦法做好指甲，即便她時時在旅途上。而且她從不遲到。某個星期天地鐵臨時改道，我必須換三班地鐵，用跑的越過休士頓街才能從布魯克林順利趕到曼哈頓，她對我說：「我注意到妳近來總是到得有點晚。」

「軌道工程的關係。」我告訴她。

「軌道工程？那是什麼？」她問。我忘了麗莎是從不搭地鐵的少數紐約客之一。她有私人司機，「軌道工程」這個字眼，八百五十萬紐約客大部分都能立即領會，對她則毫無意義。有人會因為軌道工程遲到，這個理由任何人都能接受，因為他們天天都得在那個迷宮裡來回穿梭，星期天尤其會有額外的軌道工程。沒人會質疑這個說法的真實性，除了麗莎。

我解釋：「那個，他們在地鐵路線施工，所以造成延誤，我得換三班地鐵才到得了這邊，中間還多等了二十分鐘。」

「噢，地鐵啊，前幾天我才搭過呢，大家都盯著我看，納悶我在那裡幹嘛。」她顯然還是因為軌道工程的理由不悅，而且不大相信我的說法。

雖然公園大道的父母強烈關心孩子的學業成績、青春痘、壁球成績，但他們常常不在家。有不少女性像蘇菲的母親那樣，沒有上班——即便曾在一九九〇年代早期替《紐約》雜誌寫過一篇文章而自稱**作家**——她們積極投入社交和募款活動，除非學校有活動，否則不太可能在送孩子上學之後還見到孩子。

◆

佛洛伊德對病態自戀（pathological narcissism）的概念，可以用來解釋我互動過的一些父母，因為他們的自我價值感仰賴短暫的成就，包括自家孩子的成就。他們為了表象而焦慮，似乎跟自己孩子真正的情緒生活拉開了距離。可是，不只如此。深植在他們血脈裡的是恐懼。恐懼失敗、恐懼衰頹。這些父母攻上了成功與財富的頂點，除了下行之外，無處可去。這讓他們更為自己的孩子感到害怕與焦慮。

比起期待孩子過得比自己更好的父母，身為富有的家長會比較好嗎？兩者勝負難分，我可能會選擇成為知道孩子會過得比自己好的父母——來自巴貝多的護士，女兒拿獎學金上大學；或是迦納來的公車司機，知道自己兒子即將成為電腦工程師。在這些案例裡，願望得以實現。

有趣的是，我工作領域的這些父母，很多人對孩子懷抱的希望就是讓孩子複製自己的生活。這些父母有些富有到足以為孩子供應永遠的收入來源，甚至是極端舒適的人生。可以想像這些父母可能會希望孩子心想事成，無論他想成為銀行家、舞者或獸醫助理。但是，我發現這種情況很少見。反之，一般說來，他們的希望框限於其所屬的狹窄領域裡。某種性別歧視正發揮著作用，第五大道的男性（有些顯著的例外）被引導進入銀行、法律、商業地產（近來有些進入科技界），女性則享有更多自由，可以追求一般視為適合女性的職涯，包括教導幼童、在美術館工作、擔任設計師。這些女性也受到鼓勵，去追求傳統上屬於男性的領域，像是銀行業、法律和醫學。

恐懼是驅策這些父母的主要力量，這對現今世界的父母來說是可以理解的，而這個世界正因政治和經濟的震波動盪不已。二〇〇九年經濟衰退時，他們的部分世界正準備隨著貝爾斯登（Bear Stearns）內爆以及房地產市場的危機而崩塌。學校高層對這些家長財富下滑感到緊張，有一兩個家長丟掉了工作，但大部分很快就能找到新的。

在這樣的氛圍之下，我以為家教的生意會隨之衰退，可是，並沒有，反倒逆勢上揚，我接到的新學生推薦數量遠遠超過我所能承接，感覺上，這些父母彷彿比之前更加憂心。他們希望孩子盡可能集優勢於一身。崔佛有天告訴我：「我爸限制了我的剪髮次數。」崔佛的髮型需要每兩週就去昂貴的美髮沙龍報到，可是我看不出經濟衰退對我工作領域的那些家庭有任何衝擊。當然，表面下或有漣漪，但他們最終從經濟衰退中平安退場，之後幾年，房地產價格報復性往上反彈，甚至變得更富裕。許多家庭在價格上漲時趁機賣掉自己的公寓，再次成為游牧民族，在上東城的高級公寓之間遊走。

不過，恐懼並不是理性的情緒，身為家長，這點我予以尊重。沒有家長必須將自己的情緒框限在理性裡。有時，我忖度自己是否也該偶爾屈服在恐懼之下。我兒子讓言談迂迴卻多話的托兒所女所長忍不住大發議論。他顯然跟大部分的孩子不在同一個發展路徑上，我開始看到他的發展里程標記一個個溜過去，卻沒有得到多少成功。就像身為新手父母去查閱**孕期應該期待什麼**那類書籍，結果知道自己整個偏離正常軌道，這是非常嚇人的事情。

起初，我兒子不會爬行。他只能像依賴著屁股到處滑行，一歲出遊時，在托斯卡尼把褲子滑出破洞來。後來，他不走路。我們去找了各種專家，包括一位非常不友善的物理治療師（處理脊椎和神經的醫生），她讓我們在空蕩蕩的候診室等了一個半鐘頭。她沒推斷出任何特定的事情，卻能說出彷彿不相關的話像是「他的腦袋滿大的」。我問她：「他怎麼了？」她回斥：「我不知道。可是，安撫妳不是我的工作。」這番話一直卡在我的腦海裡，讓我同情起那些尋求答案、活在恐懼裡的父母。

我的兒子在二十六個月大時接受物理治療，學習怎麼走路。幾年之後，我讀到奧地利外科醫生漢斯・亞斯伯格（Hans Asperger）的報告，他首度描述了我們稱為輕微自閉（或是以往稱為亞斯伯格症候群）的男孩，我領悟到我兒子就像是自閉症類群的教科書——每個孩子都是教科書——範例。但父母都是盲目的，連像我這樣受過訓練該避免盲目的父母也是；我的兒子才滿五歲時，便確診了這個病症。

自家兒子是自閉症類群，同時還得為其他孩子擔任家教，是一份超現實的體驗。一方面來說，我對那些掙扎不休的孩子以及他們家長感到無比同情。在競爭激烈的親職比賽中，我老早偏離了軌道。我聽到同事們聊起去看孩子在賓州的棒球巡遊比賽、我的學生週末投入競爭激烈的壁球賽事，但我只盼望兒子能到彈跳場去跳個半小時，我就很開心了。我的兒子房裡沒有獎章或獎盃，而崔佛有足球的獎章、莉莉有壁球的獎章、蘇菲有游泳的獎章。我的兒子也不像蘇菲那樣，還有參加朋友派對的照片。他倒是在特殊需求營隊裡拿到了他是個好公民的文件。

隨著時間過去，莉莉、蘇菲、崔佛在里程碑的道路高速衝刺——從他們的私校入學到ACT和SAT考試——我的兒子、丈夫和我則從那條道路走下來，踏進另一個世界，裡頭的里程碑都是相對性的。那就是，我兒子的老師不會拿他來對照某種神祕的鐘型曲線（bell curve）[40]，而是以他昨天的表現來對照，他的成長則先是突飛猛進，繼而難以置信的下滑。就十一歲的孩子來說，他看起來表現不錯，參加外宿營隊、開始學騎單車——隔年卻因為可怕的攻擊事件而必須住院。我的丈夫和我，早已遠離主流親職的世界。

私校家長偶爾覺得必須跟其他家長保持競爭關係；與那個世界不同的是，我透過兒子學校認識的家長普遍都很友善，能跟他們談談特殊學校、找保母、早上九點趁人不多

---

㊵ 編注：指一根兩端低、中間高的曲線。比利時天文學家首先提出大多數人的特性均趨向於正態曲線的均數或中數，愈靠兩極的愈少，進而把鐘形曲線首先套用於社會領域。隨後亦見於心理學，用來描述人的特質量值的理論分布。

時去保齡球館等等，都令人鬆一口氣。他們明白看著世界從身邊經過卻不覺得自己身在其中的那種感觸。我經歷這一切的時候，所幸身旁有丈夫的陪伴而得到慰藉，他是罕見的奇人，結合了聰慧——懂得波斯語、阿拉伯語、烏爾都語，能維妙維肖地模仿《搗蛋雙寶》（*The Jerky Boys*）㊶，還能在鋼琴上彈出任何東西——及無比的耐性。

所以，就一方面來說，在課業上掙扎不已的孩子及有特殊需求的學生，我對這兩種孩子的父母感到深切的連結，另一方面卻覺得自己跟一般親職潮流的父母連結愈來愈少。有些超現實的時刻，像是我的兒子因為攻擊行為而住院，我上班的學校家長卻不停地打電話且發電子郵件給我，包括要我申請調整七月四日那個連假週末標準化測驗的時間。他們想向美國大學理事會要求百分之百的額外時間（也就是雙倍時間），即便他們的孩子已經因為學習差異得到了額外百分之五十的調整時間。我不得不告訴他們，孩子在學校原本就沒有這樣的調整，大學理事會不會允許我提出申請。我聽到壁球球賽告捷、太空營隊、學術鎖鑰獎（Scholastic Key Awards）等消息；但對我來說，我的勝利就是看見兒子在理髮師的椅子上乖乖坐著，直到頭髮剪好。

◆

不過，恐懼是一樣的。我們都為自己的孩子恐懼，只是以不同的方式展現出來。有對父母因為兒子沒把功課交出去便辭退我，他們是為兒子感到恐懼。莉莉的母親麗莎也是，壞心的女同學將莉莉的學校生活變成地獄，她巴不得女兒不用承受那種痛苦。

到最後，我嘗試為兒子發展出來的耐性（雖然我常失敗），讓我想要查明驅使每位家長的動力。我試圖尋找與理解那種驅策他們的恐懼。連愛干涉的那些父母，都不怎麼讓我困擾了。比起不想跟孩子有任何瓜葛的家長，這種父母更討人喜歡；他們投身其中持續努力，這已經是他們最好的決定。

同時，恐懼驅策家長走向極端，富有家長則因為握有資源，可以將一切更推向極端。我對恐懼並沒有免疫力，但我固執地與其共存。我的生存之道就是強迫自己熬過一天又一天。事情在黎明時可能看似超現實，但等到中午通常會好轉，而到了黃昏時，最糟的已經過去。可是我碰過一些家長，他們想讓孩子避開那些過程，讓孩子遠離令人反胃且持續不歇的日常煩憂。

拿妲可塔為例吧，她是個個性甜美、十分削瘦的女孩，有雙迷人的眸子。她的母親是單親家長，是個成功的藝術家，想讓女兒避開八年級女生種種風波和苦惱。她希望女

---

㊶ 譯注：一九九五年於美國上映的一部喜劇電影。

兒繼續就讀私立學校的同時，可以遠離所有青少年會面對的煩憂。她的解決方法是把女兒從學校帶走，在羅馬多停留些時間，女兒就不必面對那些惡劣的女生。

我衷心喜愛羅馬，那裡對所有人的靈魂都有撫慰作用，但對一個八年級女生來說，並沒有這樣的效果。女兒最終得從甜美生活回到滿心嫉妒的女孩們身邊，她們看到以前的朋友可以到羅馬一口氣待上幾星期，刻薄的惡劣程度只會加倍。帶女兒飛往歐洲，下午帶她去吃義式冰淇淋，接著前往鬧區特拉斯提弗列區（Trastevere）購物——這些都發生在暑假是很好，但發生在學期間就不是了。妲可塔的母親想要的是旅伴，而不是女兒；她希望妲可塔的生活充滿魔法，但那種魔法可能更適合年紀更長的青少年，而不是一個十四歲的女孩。

我明白這種想要庇護孩子的渴望，想讓他們遠離自己無法控制或預測的事情。我自己的兒子就讀了好幾所學校，甚至是特殊需求學校，那裡不僅沒幫到忙，禍事反倒層出不窮。

那是一所布魯克林的公立學校，老師是個二十五歲不到的年輕人，對自閉症所知不多，每天在幼兒園教室門口跟我打招呼，從開學第二週便開始向我推薦另一所公立學校的課程。隨著日子一天又一天過去，顯而易見的是，我的兒子距離高風險測驗（high-stakes testing）[42]裡的成功還差得遠——這種測驗對這所學校而言更加關鍵，因為該校位於高社經地位的鄰里。老師強調兒子畫的圖太過抽象——他用數字和字母填滿了整張紙——說他應該學習怎麼畫具象畫。他指著一個小女生的畫作，畫作裡的小女孩自己跟家人坐在一起，連我都沒辦法畫得那麼拿手，但同時也覺得這張畫缺乏個人特色。我的兒子後來學會在臉頰畫上笑臉，我們克服了那個障礙。八年後，他依然這樣畫自己；他連畫著身在醫院裡的自己也是帶著同樣的笑臉。

我不是咄咄逼人型的人，所以參加這所公立學校的高層會議對我來說，簡直是地獄，席間有我們僱請的辯護人出席。我們要求有教師助理員來協助我的兒子，但學校斷然拒絕，並告訴我已經把他的檔案寄給那些可以服務他的私校聯盟。我後來明白這樣做對大家來說，都是正確的，只是後來花了好幾年的時間才為他找到適合的私立學校。碰到這種情形的紐約市父母，每年都必須告上教育局才能為孩子爭取到特殊教育學費補助（如果家長不接受自己分發到的公立學校），而特教學費可能超過八萬美元。我並不喜歡這樣的局面，但不得不接受。

我當時納悶自己是否應該跟校方力爭到底。我共事的許多父母都能透過意志力硬是

---

㊷ 編注：美國對學校和學區進行教育考核所實施的州級統一考試，任何會帶來重大後果或導致重要決定的測驗都可被視為「高風險測驗」。

讓孩子留在競爭力強的私校，即便學校並不適合那些孩子。蘇菲的父母已經練得駕輕就熟，掌握了她所有的課程，必要時出面干涉。線上的成績系統讓他們可以檢視她的成果，必要時插手干預她的老師。為了讓她撐下去，全家絞盡腦汁、全力以赴。

首先，他們會捐錢給校方——很多錢，蘇菲父母幾乎能算是校方的頂級捐款人，再來，他們會送出自己用不到的運動賽事和藝術活動門票，像是尼克隊出賽和芭蕾舞劇，交由校方自由轉贈。他們會送老師禮物——厚禮，雖然學校後來規定禁止現金禮物。高四那年他們甚至買了絲巾送給大學諮詢員，直接放在他們的辦公桌上，這樣一來要退還就會很尷尬。至於常態支出也有，像是有一回蘇菲在威尼斯搭遊艇出遊錯過了作業，訓導主任幫忙處理了這件事，蘇菲的父母就送了盆瓷器盛裝的蘭花給主任。他們告訴蘇菲的英文老師說：「我一定會叫蘇菲在『替老師評分』裡給你高分。」學生可以在這個網站留下對老師的公開評分和評語。

當蘇菲沒拿到想要的分數，他們有時會發動好幾項活動。他們會帶著怒氣走進學校，或是嘗試奉承老師。當校方無法配合要求，他們常常訴諸怒火，然後會以蘇菲父親的法律糾紛作為手段獲得更多好處。

蘇菲上國中時的學習狀況並不穩定。她有ADHD，從那時起就以某種刺激藥劑治療，寫作對她而言也十分困難，雖說在我的陪伴及與英文老師的會晤下已經能循序漸進地學習及改善。一直有傳聞說她要離開學校，而那所學校一直是紐約市內最棒的一所，最後她的父母向那個中學高層發動全面出擊，雙方開過幾場會議。蘇菲的母親要求老師寄發電子郵件給女兒的同時也寄給她，免得蘇菲漏看那些信。也正因那時蘇菲被神經心理學家診斷出ＡＤＨＤ，她才得到了百分之五十的額外時間，同時可以在沒有干擾的環境下考試。

她顯然需要這些調整，確實也從中受惠。她不想接受學校的學習專家的指導，希望由我這個私人學習專家陪伴。學校那位女士是城裡最優秀的學習專家之一，私下上課索費二百美元。但我能理解，蘇菲不想在學校被另眼相看，她的父母也同意了，因為他們也不希望讓其他家長知道女兒需要協助。

經過這些努力，蘇菲在高中成了優秀的學生。她並未真正開竅，也算不上聰明絕頂，但她在學校待了下來，現在排名在全班的前百分之三十。我驚嘆於她父母的精力和樂觀，而我常常忖度自己兒子的事。非常富有的父母擁有資源投注在孩子的發展上，而一週工作六天的我則非如此，大部分的父母更無法做到。

在主流學校裡，我的兒子顯然得不到他需要的一切，那裡的老師也表明他們不想跟他共事，我如果更努力地爭取讓他留在那裡呢？反之，他轉進了特殊教育學校的世界，對於他目前就讀幾年級的問題，我的答案是「我不大確定」。他的課業是為他量身打造，通常包含了不少的行為與社交要素。他的經驗跟那些主流學校的孩子無從比較。理智上，我雖然知道自己和絕大部分的家長都無法擁有如富人那種資源，能無盡投注在孩子身上，我依然覺得內疚。

找我擔任家教的家長們，有時會問起我的孩子，他們似乎害怕聽到答案，並預期我孩子的課業表現無懈可擊。當我告訴他們兒子有自閉症，有時可以感覺到這件事彷彿讓他們大大鬆了口氣。最寬厚的解釋是，他們明白，身為父母，人人都很困惑。最不仁慈、幸災樂禍（雖然情有可原）的解釋答案是，知道別人家的孩子比自己的還糟，令他們感到安慰。整體來說，我發現身為家長的謙卑體驗對我有好處，讓我明白除了懷抱愛意持續參與孩子的生活外，別無他法。

站在崔佛足球賽事的邊界線上，或聽著蘇菲唱歌，或看著莉莉打壁球，我想到自己兒子的童年有多麼不同。不過，在恐懼的撕扯下，所有的父母都希望孩子過得更好，卻不知道該怎麼做。這就是人之常情。

# 6 遺失的報告

當我還是個年輕教師，學生常告訴我，他們弄丟了報告。那些到漢普頓度假的學生會說把報告留在那裡的電腦，不過Google Docs出現之後，這件事就不再可能發生（文件透過雲端的電子郵件帳號即可取得，不再受限於特定電腦）。不過，即使在Google Docs問世之後，還是有各式各樣的問題，包括學生Google帳號的內爆、學校Google Doc功能的崩垮。即使在數位時代，狗還是可能吃掉學生的作業。

我很難評估這樣突然的失蹤，就像我起初也很難理解為什麼這些家教學生的父母會向我蓄意隱瞞孩子的事。許多父母只是請我替孩子上課，沒有提供整體概況。例如，在替蘇菲上課好幾年之後，她的母親才隨口提到蘇菲上過ERB的家教課。

崔佛的表親茱麗雅尤其難以捉摸。她的父母只僱用我幫她上大學先修課程（AP）的美國歷史課。他們提供我的脈絡很少，即便我在網路上看過他們家的避暑房子。真令人驚豔，我細看客廳的那片白，希望對茱麗雅跟她的家人多點理解。我細究塗了灰色薄漆的木瓦屋頂、附有早餐區的側面露台，以及放著閃亮銅鍋和精巧多爐爐灶的廚房。在房地產的網站上，我觀賞著那片地產以及變形蟲形狀泳池的空拍照，但從這些照片能夠獲知的線索很少。我通常能從學生的居住環境蒐集到一點資訊，但茱麗雅位於曼哈頓的公寓以及祖傳島嶼避暑房子的網路照片——崔佛全家也在那裡過暑假——並未讓我大開眼界。那裡很平靜，正如應有的樣子，不帶一絲私人色彩。唯一引起我注意的，是茱麗雅主動給我看的照片：懶洋洋地靠在泳池邊的一隻黑色貴賓犬。

茱麗雅想在這門課好好表現。高二歷史老師建議她不要修這門課，但她喜歡歷史，想要追隨父親的腳步。雖然如此，但她的文章錯漏處處，內容太少，研究技能又不佳。她埋首在課堂指定的學術厚書中，例如艾瑞克．方納（Eric Foner）的《重建簡史》（*A Short History of Reconstruction*），我在大學都已經讀得一頭霧水了，遑論高中生，一定更令人卻步。這些書裡有數不盡的註釋、名字、日期，而方納的書裡還有不同的重建階段，及關於美國政府內戰後為何未積極改變前任奴隸處境的總體理論。這些書都很難，但她穿著比基尼，坐在泳池邊，在暑假提早開始閱讀，想在修那門課前先趕進度。

高三那年，當別的同學在她男女同校的私校學生交誼中心鬼混時，她都在讀書。跟我會面時更早在所有的閱讀素材加了註解，重要的段落和細節也標了出來。她寫得很笨拙，但文章裡滿是細節，顯示她確實閱讀過。茱麗雅很難參與班上的討論，而且她總是疲憊不已。身為女子足球隊隊長，她在其中投注大量時間，贏得的喝采比課業多得多，同時仍然要在每個學期拚命拿到$B^-$，也拿到了。她甚至在下雪天也照樣跟我碰面上課。有一次，就這麼一次，我發現她還在床上，我都到了她家公寓，但她就是起不了床。管家之一對我微笑說：「茱麗雅總是賴床，她是個懶惰的女孩。」

我不認為茱麗雅懶惰。也許她在上緊發條（她確實需要大量的專注和精力去面對）一整天之後，想休息個幾分鐘。她似乎永遠沒有傷心的時候。偶爾，她的精力會化為憤怒，會向父母和老師回嘴。但在她大致正向的能量流動裡，這些時刻只是暫時中止、一時斷訊。她在學校受到英雄般的擁戴，對每個人都很友善，笑聲很有感染力，在足球場上認真賣力。她總是吱吱喳喳，是社交圈子的中心。在難得的自由時間裡，還會教更小的孩子足球訓練課程，任由他們爬到她身上，壓得她往後倒，頭帶都被扯掉。

她總是笑口常開，一起讀完閱讀內容或寫報告之後，很快就會溜開。我認識茱麗雅（或者說茱兒，她朋友和管家都這麼叫她）的那段時間裡，不曾有過非常坦率或由衷的對話。儘管她話那麼多，我對她的認識卻很少——當我意識到這點時，已經太晚了。

但我也已習慣各種形式的祕密、隱瞞和謊言，隨著家教的年資增長，這些事也以醜陋的方式暴露出來。

在另一個案例裡，強納七年級的時候，我接到他的父親來電。學校推薦我當他的寫作家教，我們的主力集中在那裡。強納還沒學會怎麼寫一個含有中心主旨的紮實段落，而且他還不願意在這裡下工夫。

為了寫滿三頁的《梅岡城故事》文章，他竟然把小說裡多達兩頁的長段落照抄進去。我請他削減那個段落，留下精髓就好，他卻被我的建議惹火了。

他告訴我：「我舅舅是出版商，比妳更懂出版，他說這樣沒關係。」於是長達兩頁的摘文就這樣保留下來。

我相信有些基本的語言問題可以透過評估得到釐清，有好幾次，我透過電子郵件試圖跟他的父母傳達憂慮，但從未在他們那裡收到確切回音。最後，到了學年尾聲，六月，他的父親——一個受過良好教育的律師——約我在下城區的咖啡館碰面，要請我喝咖啡，閒聊一下。我看到他正在讀一本書，恰好是我丈夫喜愛的作家，於是我提起該作家也寫過加勒比海的事，他花了幾分鐘時間跟我爭論那不可能，因為這位作家寫的每本書他都讀過。我不理會這個話題，試圖將話題帶到強納身上。那時，他似乎可以接受兒子有學習問題，說會和妻子找人替兒子評估。他們夫婦倆擁有豐沛的資源。

他到家以後發了封電子郵件給我，信中再三道歉，說那位作家確實寫過加勒比海的事。他甚至說反駁我是性別歧視的行為，乞求我的原諒。我沒把焦點放在那件事上，而是提供了我欣賞與信任的幾位評估員的聯絡方式。直到秋季再發電子郵件給他及他的妻子預排下學年的家教時程時，他們才告訴我，我安排的時段和強納的運動衝堂，他們正忙著另覓他人擔任寫作教職。他們告訴我，還沒找人替他評估。那是我最後一次聽到他們的消息，兩年後我才得知強納因為到處散發一份他想上床的女孩名單而遭學校勒令停學。他不是唯一犯規的人，但他並未回到學校。

我無法將強納七年級的學習問題跟他十年級的停學完整串連起來，可是我的推論填補了空隙：他可能愈來愈趕不上同班同學和姊姊的腳步（他的姊姊在學業上是個超級明星），父母因此對他的要求特別高，他反而無法獲得需要的協助。他行事衝動，桀驁不馴，總是忿忿不平，雖然他並不是事件首腦，但當其他男生開始列出女生清單時（按討喜程度來排序），他也不想招來更多矚目。這些只是有所本的合理推測，因為我已經被推離了那個情境。就像強納，茱麗雅那樣的學生也會對我有所隱瞞——但我往往要到很晚才有所領悟。

有時候，刻意排除我的是孩子。就像茱麗雅，哥倫比亞移民的女兒卡門也是如此。她就讀一所女子學校，是班上靠獎學金就讀的兩個學生之一，喜歡細心守護關於自己的真相。她對這些事情早已駕輕就熟：遺失的報告、傳聞中老師一直沒歸還的作業、她從未聽說過但即將到來的測驗、錯過的會晤、從未完成的作業、從未閱讀的書本。她活在小小謊言織成的蛛網中，不確定自己下一步該怎麼走，害怕失敗，或許同時也想要失敗。她在自己的筆記本裡畫滿精緻的素描，顯示她並沒有表面上看來這麼遠離現實。她捕捉了美術老師臉上的每道皺紋。她很清楚實際狀況，卻選擇盡可能遠離自己置身的世界。

遺失報告是孩子的手段，他們想要再來一次、要求新的起步、在不懂的時候裝懂。在紐約市的私立學校，當老師們也掙扎著跟上後千禧年世代以科技為助力的種種策略，作弊自然也需要新的伎倆。手腳敏捷依然派得上用場。莉莉告訴我，有個女生跟她一樣，考試可以有調整後的額外時間，會利用自修時段把數學測驗塞進背包，而不是還給監考人員。那個女生知道監考人員手頭有幾項測驗要忙。後來數學老師在監考資料夾裡找不到她的測驗紙，因此無法評分。這種情況在學年期間發生好幾次，而且只發生在這個學生身上。

不過，大部分的孩子不需要以如此明顯的方式作弊。如果他們無法應付眼前的測驗，就會裝病去找學校護士。就算他們沒在測驗期間這麼做，也會在事後跟家長抱怨考試時身體不適，父母就會因此寫電子郵件給老師要求重考。這種理由有無限的變化版，包括：「我午餐忘了吃ＡＤＨＤ藥。」很難辨識何為真、何為假，為人師者只能被迫成為傻瓜（選擇接受那些理由）或是機靈者（拒絕接受那些理由）。大部分的老師在很久以前便放棄跟這樣的潮流奮戰，直接讓學生重考。我不確定這些學生到了大學或學士後，沒辦法再輕易裝病，為所欲為，會變成怎麼樣。

父母面對這些事件時，通常會選擇最簡單的解釋——他們的孩子病了或測驗卷放錯位置。家長能夠毫無破綻、時時照著劇本走，其實我偶爾還滿佩服的。我知道很少有家長會為了孩子不佳的成績或問題行為前來會談時崩潰聲明：「欸，你們說得沒錯，我們的兒子應該離開這所學校。」大部分家長的態度堅定不移，通常遷怒於老師，或找到某種解釋孩子失敗的近似原因，以隱藏背後的真相。例如，他們會說：「要是交報告前的那一週，山繆爾斯老師沒請假就好了。」但其實孩子理應花整個學期去處理報告才對。

◆

如果學生不得不離開原本的學校，要找到另一所私立學校就讀，困難重重——這是家長抗拒離開的部分原因。為了進入另一所獨立學校，孩子需要考「獨立學校入學考」（ISEE）或「中學入學測驗」（SSAT），這些測驗非常困難，如果認真看待，必須耗時幾個月準備，而且紐約市裡很少開出空缺。如果學生必須在學年未完時離開，通常不會有空缺可以就讀，除非學生計劃進入特殊教育或其他類型的專門學校。

如果必須離開私立學校，對學生跟家人而言也會大損顏面。這跟離開公立學校不同，離開公立學校通常會有點羞愧，但一般不會損及地位。而當孩子就讀私立學校，父母往往會選擇將社交生活挪些時間在同校的其他父母身上——每天早上送孩子到校、下午接孩子放學，更別提在校外舉辦的派對。認識學校的其他家長對生意來說可能有不少好處，一般而言，這些家長的社會地位頗高且富有。讓孩子離開學校，有時表示斬斷這些已經行之有年的社會連結。

但是說謊讓這種狀況發生的機會增加，而非減少。在我工作的學校之一，學年初期，有幾個孩子並未事先告知入學委員會的問題便會逐漸出現。這些問題甚至在學年初的露營活動便開始了，到了早秋突然惡化。

有個男生先是下不了床，後來直接曠課。入學委員會得知，這種行為早在去年春天學生就讀的另一所學校就開始了，但無論是以前的學校或父母都不曾主動告知。學校積極採取行動，試圖替男孩取得所需的心理協助，可是，在經過一整個毫無奧援的暑假過後，協助來得太少也太遲。他試圖回到學校，卻發現自己已經後繼無力。之後，我便沒了他的消息。另一個男孩則在一開始似乎前景看好，後來學校才明白他幾乎無法跟成人對話。他在家裡還有其他存在已久的問題，學年第一個學期就被送到提供治療的寄宿課程。父母在入學前不曾向入學委員會提起孩子的任何問題，結果他們的孩子同樣得快速進出學校，以尋找更適合治療的環境。

我明白父母想讓孩子嘗試主流學校，希望孩子的焦慮和問題會隨著學年演進而逐漸消散。會這樣想很自然：「孩子只是緊張，等學年開始就會平順起來。」我的兒子同樣得離開很多不適合他的學校，所以我明白，其實未來會發生什麼狀況，難以預測。

不過，欺瞞和謊報到了一個程度，對誰都沒好處，對孩子而言更是如此。在我工作的其中一所學校，有個女生變得削瘦，原本豐滿的臉頰逐漸凹陷，身體也乾癟。她有著棒棒糖[43]的模樣，是紅毯名人們所偏好的。學年過去，她的父母什麼都沒提，女兒卻愈來愈蒼白，兜帽衫鬆垮垮掛在身上。直到學校護士打電話給家長，才查明學生為了減重而服用利他能。利他能可以有效且安全地治療ADHD，是常見的安非他命處方——但是也曾在《娃娃谷》（*Valley of the Dolls*）[44]年代作為減肥工具。後來學校護士要求她就醫並加入治療團體，好讓她恢復體重，不再濫用藥物。

這類型的狀況有不少模糊地帶。父母到底了解多少，或想要瞭解多少，實在不見得清楚。公園大道上的男男女女通常都很削瘦，他們的父母也是。這個社會階層裡鮮少肥

㊸ 譯注：泛指豐胸窄臀、細腰長腿的外型。
㊹ 譯注：作家賈桂琳・蘇珊（Jacqueline Susann）於一九六六年出版的小說，曾於一九六七年改編為電影，並多次改編為電視劇。

胖的人，在時髦的紐約市私立學校，五百個孩子裡大約只有五個稱得上過重。我花了點時間才弄懂那些狀似健康的學生背後的故事。更可能的狀況是，這些孩子一開始是從協助減重的課程起步，像是跟私人教練一起健身，後來卻逐漸演變成一種執迷。有些孩子開始跑步，然後不吃東西。孩子受到他人的讚許，讚許極可能來自父母，也許來自教練（不過，當然有許多教練希望孩子維持健康的體重），起初相當健康的目標，很快便成為想要維持過輕的體重而讓自己陷入風險。研究者相信，這種卡路里的限制很可能會對大腦的神經傳導系統造成很大破壞。

運動員限制攝入體內的卡路里，可能會讓飲食陷入混亂狀態，增加自己面臨的風險。許多運動要求孩子展露自己的身體，有些人可能會覺得那些方式令人不安。例如紐約私校的排球隊女生，通常會穿著造型像內褲的彈力纖維褲。穿著極短的短褲能在運動時搶得多少優勢其實很難確認，但我共事的孩子們，無論男女，只要從事這類型的運動或是成為賽跑選手，都對瘦身感到無比壓力，這份壓力大部分是他們加在自己身上的。很多人（例如莉莉）依然津津有味享受食物，但其他人限制飲食的方式最終可能會引火上身；一開始只是因為要穿極短排球短褲而想瘦身，最後可能滾雪球般變成暴食症。

如果你沒看過暴食症，上午十點左右去大部分高中的學生交誼廳走走，就會親眼見識到。這些青少年長期以來處於吃不夠或睡不夠的狀況，會往喉嚨猛倒高糖分和高碳水化合物的食物，分量多到大部分的人類內臟無法消化。小酸人軟糖、小熊軟糖、甜甜圈、超大貝果、無止境的棒棒糖：這些都是暴食者會吃的食物，專家相信這些食物會刺激匱乏的大腦中樞，效果類似毒品。結果就是一個自我增強的循環：減肥、塞進除了糖分和瓜爾豆膠外幾乎什麼也沒有的食物。挨餓的大腦就是昏亂的大腦，靠兩袋小魚軟糖飽足後，暫時得以平靜，然後會再向主人哀求更多。

暴食情況也常常暗自發生，那也解釋了我在家教時段為何經常會看到學生的書桌和地板上有玉米脆片袋、棄置的什錦糖包裝紙、喝光的咖啡杯。暴食也常隱藏在大杯星巴克裡，杯側印著熟悉的綠色美人魚標誌。點星冰樂看來不見得很貪吃，但特大杯焦糖星冰樂含有高達八十一克的糖——就是挨餓大腦會上癮的東西。喝完咖啡之後，飲者的年少身體會缺乏規律營養，又不得不經歷嚴苛訓練（常常來自學校運動和巡遊賽隊競賽），有時還集中在同一天。不過，要是孩子外表看來苗條結實——許多人都是如此——即便瘦到不健康或猛灌咖啡飲品，父母也不會認為有問題。

孩子的身體揭露了更難解讀的深層故事。有些高中運動員進入了一種常態：他們時時弄斷骨頭。過度運動（例如參與校隊或校外的巡遊賽隊）加上慢性受傷，照理會讓家長和校方更加關注孩子的狀況，但這些傷勢卻往往被視為天經地義。

穿過紐約市的私校走廊，你會陸續看到撐杖和石膏。孩子無畏地帶著到處走，有些甚至操作得駕輕就熟。校方設定了不錯的學伴系統，伙伴幫忙拖著傷者的背包，撐杖在地上咚咚敲出金屬聲響，這些現象在走廊很常見。孩子在遊戲場和運動場上活力充沛橫衝直撞，當然容易受傷，這是可預期的。可是，當孩子積極投入一種競賽運動時，身體連續受創，這其實反映了讓孩子承受職業運動員所面臨的那類傷勢的意願。

孩子的身體留下了無情和殘酷的印記，紐約位居前百分之一家庭的孩子承受這類傷勢的可能性似乎更高，而非更低。大部分孩子在年幼時就加入競賽型運動，大人鼓勵他們專精於某項運動。這些來自百分之一家庭的孩子，不只從孩提時代就在運動競賽表現得專業頑強，也表示有資源投入額外的巡遊賽隊、教練、清晨五點的壁球練習及訓練。

腦震盪經常發生，根本是家常便飯，這是運動時激烈競爭與肢體接觸的結果。紐約市大部分私校都有腦震盪過後的政策，其中涉及考試時間調整。雖然針對這類事情的醫囑搖擺不定，但通常建議孩子在腦震盪過後一段時間，避免盯著電腦螢幕，等頭痛退去之後再說。有些孩子把這種說法自行延伸，聲稱受傷後的幾星期或甚至幾個月，頭還是會痛，就是為了讓學校繼續放寬對作業的要求，即使孩子明明重度使用Instagram和電玩（換句話說，他們看來沒事）。

這些傷勢沒什麼可以欺瞞的地方——或者其實有？當運動競爭激烈到了一個程度，父母對於賽事在孩子身上引發的後果並未誠實以對。這些競賽運動所需要的時間呢？競賽運動很美麗，無人能夠否認。讓孩子成為某種更大更美麗的一份子，協助他們變得更有紀律，感覺自己身體的力量——這一切都美極了，而且對大部分的孩子來說，常常比學業更有意義。站在學校的足球場上，我可以感受到秩序和美，四十個孩子為了追求更好的集體表現，同心協力一起操練。可是走到一個也許很難界定的點上，父母和教練（大部分跟巡遊賽隊有關）會踏進欺瞞的領域，因為比起孩子，他們更在乎那個世界。

這令人忍不住想到尼克・卡拉威在《大亨小傳》的心儀對象卓丹・貝克。尼克寫到她那「修長的金色手臂」，她對權力的堅定需求只能透過高爾夫球場上的勝利而得到抒解，即使是透過欺瞞所獲。卓丹這個角色的個性冰冷，行動的唯一目的是贏，爭強好勝的精神讓她可以不顧一切。但是，參與競賽運動並未帶領她臻至奧運的高峰，而是墜入冷靜欺瞞的深淵。孩子受到的訓練是千方百計奪取勝利，冒的風險就是他們長大會成為卓丹・貝克，而不是籃球之神麥可・喬丹。

◆

長久以來，我們的社會普遍認為各式各樣的犯罪都跟較低的社會階層有關，他們可能是為了生存不得不去行騙。不過，加州大學爾灣分校的心理醫師保羅・皮福（Paul

Piff）及他的同事在舊金山的四岔路口派駐研究員，發現上層階級的行車駕駛（以年齡、外表和車款作為辨認指標）比起較不時髦車輛的駕駛，更常跟其他車輛和行人爭道。換句話說，頂級荒原路華（Land Rover）休旅車呼嘯而過，而起亞（Kia）這個車款會停下來。有些富人確實也可能仿效股神華倫・巴菲特選擇駕駛起亞，但這些結論在調查員的其他研究其實相同。例如在一批告知將贈送糖果給孩子的實驗中，有錢人拿走的糖果比沒錢的人拿得更多。研究證明，社經階層較低的人在慈悲心與平等主義價值觀的驅動下，反而更為慷慨。

皮福和他的同事相信，社經階層較低者，對周遭環境的人更敏感，因為自己處於相對剝奪的地位，更可能表現出熱心與利他行為。對於資源較少的人而言，協助他人有時是很好的處理方式，因為他們自己也可能需要幫忙。

這些結果絕不表示所有富人都很邪惡，窮人就很高尚。這種想法太過單純（不過這些研究確實讓我想起一個私校的家長，這名父親因為兒子闖禍，壓力太大，把訓導主任桌上的糖果全塞進了自己嘴巴——那些糖果原本是讓學生自行取用）。不過這些研究也指出，社經地位較高者預期自己得到網開一面的機會更大。這並非表示人的本質是好是壞，但那種預期在他們的社會階層裡如影隨形。這個結論對任何關注新聞的人而言並不會太感震撼，畢竟在過去半世紀，許多有權有勢者最後淪落至金融、性愛或其他犯罪行為因而垮台，這類消息已看得太多。

富人傾向相信自己可以逃避更多事，這點也顯現在支付家教費用的方式。我有時甚至拿不到家教費。比起較窮的客戶，富有的客戶反倒更可能拖欠，或是一毛也不付。對某些家長來說，家教代表犧牲（他們得省吃儉用才能支付這筆錢，我也會視父母狀況調低費用），這類家長會立刻支付。月底，我還沒開口提醒或寄出帳單前，支票已經送到我手上。那些可以輕易繳清家教費的家長卻常常告訴我忘了寄支票。即使支付平台PayPal都問世了，有些家長卻會說不知道怎麼操作電子支付系統，也沒時間研究。有個家長總是延遲幾個月才付款，卻會把投資報告留在廚房桌上。我不是刻意去看，但確實注意到他在單一基金裡的資產等同於我的帳單千倍數字，旁邊的圓餅圖也顯示他的投資穩當，都落在高成長的股票。

為了拿到家教費，我拆解了幾位家長由一層層騙局構成的生活；這些家庭的家長，大部分確實希望孩子表現良好，也有意及時付費給我。不過，每隔幾年，我總會碰上一次欺騙成性的家長。我曾經協助一個男孩編修他的大學文章，但是當我索取費用時，他的母親便消失不見；一個曾經天天發電子郵件或簡訊給我的人，頓時人間蒸發，不回信件、電話、簡訊，即使其他認識她的家長嘗試聯繫她，也一概不理。

最後證明，她的生活如同是幽靈般的存在。雖然她在電郵裡加了LinkedIn社群頁面，卻找不到關於她的裝潢事業的其他資訊。網路的資訊也甚少，只除了一個Google網址，她在上頭將專門給餐廳和商店的評價功能無限延伸，包括她支持的國會議員。她給了肉毒桿菌注射服務高分，卻給自己所住的那棟豪華曼哈頓大樓低分——按照她標點不當的評論，那棟大樓當初並未即時替她備好公寓。她唯一的虛擬印記是連珠砲似的一串評論。最後發現她的公司地址是俄羅斯公司經營的虛擬辦公室，她的工作履歷上出現的公司沒有一間真實存在，她的名字完全無從查證。

她在現實世界是個零，在Google Docs上卻是個紮實的存在，讓我知道她接受了我針對她兒子文章提出的幾百個建議。我收到她無償使用我工作成果的這些虛擬印記時，她卻遁入了宇宙虛空，我遍尋不著、追蹤不到，也無從究責。

還有那些丟失的工作。雖然我的家教工作大部分都能順利上軌道，有些卻並非如此。我很喜歡的某個男孩，陷入家長再婚的混亂中——他的繼父痛恨必須花時間在新任妻子的兒子身上。這個男孩原本讀的是布魯克林的公立學校，母親改嫁後改讀曼哈頓上東城一所昂貴的私立學校。那對父母從事音樂圈的工作，家裡時常辦活動款待客人，還為此聘請一位專業主廚，擺明了不希望我在家裡替男孩上家教課。我每週跟男孩在學校碰面兩次，他有些許進步，但即便能完成所有的報告，有時他還是會把報告搞丟，不是忘在印表機那裡就是遺失在背包深處。

那位繼父寫電子信件來解僱我，全是大寫字母：「**妳應該幫他把作業交出去，妳沒做到，妳被炒了。**」我試著告訴他無法確保男孩會列印報告，因為印表機放在他家，我不可能去家裡監督他。不過，時值五月，整個學年下來，我深感疲憊，索性放手，隨對方的意。我訝異的是，那位繼父支付了男孩家教的全額費用。幾年後，我看到他站在城區辦公大樓外頭抽菸，他望著人行道，遲遲沒抬頭，我一直納悶那個男孩後來怎麼了。

一位上西城的母親，因女兒為科學測驗做了十足準備卻仍然考砸，就把我解僱了，這個女兒用多種方式學習，絕對明白課業內容，但是一走進測驗教室，那些理解就像鳥兒一樣瞬間飛走。我困惑又氣餒，這女孩看似準備周全卻總是考砸，任何神經心理學家也無法解釋這位八年級生為何會對滾瓜爛熟的功課瞬間失去掌握。我希望她的母親可以把這種狀況當成另一個線索，協助我們拼湊謎團，但校方的學習專家已經跟那個家庭碰過面，並通知我：「他們對妳的評價不大好。」所以他們解僱我的時候，我並不意外。

我逼問那位學習專家，她覺得這一切是怎麼回事；她說她不確定，但她認為那個女孩可能正在質疑自己的性向，而測驗之所以經常表現失常，心理恐懼的成分多過學習問題。我一直不知道她究竟發生了什麼事，或是她後來是否渡過了難關。她的家庭可能無法接受她這種另類的性向表達或性別認同。

她的父母看來是中西部人加工美化過的討喜模樣，他們搬到紐約，事業飛黃騰達。

夫妻兩人身材高挑、藍眸，肌肉結實，他們的女兒也是。大女兒是個完美的學生，兩個女兒的裝扮都是髮間繫著蝴蝶結、皮鞋上還有搭鉤。我擔任家教的這個女兒，有著一張天真無邪的圓臉，全心都放在讀書，學習拉丁文、背誦歷史素材。她和姊姊會為了打包去南塔克特度假而興奮過頭，她們和保母（保母常在她們父母出差不在時來過夜）會忙著把粉色格子布服飾塞進Vera Bradley的提袋。

她們的生活讓我聯想到《妙爸爸》（*Father Knows Best*）[45]這齣戲的場景，不過她們的父親不常在家，我不確定他對自己女兒的認識有多少。母親看來較能掌握情勢，更伶俐也更進入狀況，而且非常能幹。她不喜歡我也不信任我，這點讓我難過。我越是試圖解釋有其他因素干擾她女兒的學習情況，她就愈生我的氣。明知那位母親無法理解，我依然試圖以心理學的角度去向她解釋，說得結結巴巴，結果她覺得全是藉口，愈聽火氣愈大。「就我看來，女兒滿開心的啊。」她說。不久之後，我就被解僱了。

當時這個經驗刺痛了我，但幾年後再回顧，最令我困擾的是，不知道那位學生隱藏了如此巨大的焦慮，她將如何撐過高中和大學。重點是，從表面看來她確實並不焦慮。認識幾百個學生之後，我才領悟到，不是所有人都像伍迪・艾倫電影《香蕉》（*Bananas*）[46]裡的主角費汀・麥里胥（Fielding Mellish）那樣渾身散發著焦慮感。他們並不是都會啃指甲或說話結巴，或企圖在《易經》裡找到人生的解答，不像教科書裡形容的那種典型神經質。儘管如此，他們的焦慮仍然非常真實，經過青春期故作冷靜的篩濾過後，更可能變得非常細微。他們的焦慮可能無所不包，卻隱匿著不讓周遭的人知道，這可能會耗盡他們的心力，以至於不剩任何力氣去消化必須學習的資訊。

在投入家教工作的早期，我曾被一個女性解僱，只因她認為我教錯了她四年級兒子的數學作業。算數問題是，一盒二十五根鉛筆，她兒子班上的每個孩子會各分到幾根。我使用她兒子給我的數字解開這道題目，但那個母親腦海裡的數字不同。她單純忘了兒子班上有幾位同學。就某方面來說，我們都沒錯，因為重點在於解題過程而非答案本身。接到她的來電時，我剛淋浴完，我聽完她的質問，解釋自己如何解題，然後她解僱了我。多年後，我在一所私立學校又教到了她的兒子，發現他有細微但影響深遠的寫作障礙。我們都沒提起之前的事，我和學生一起針對寫作努力，直到有所進步。雖然那位母親並未拖欠家教費，但多年後無來由寄了張三百五十美元的支票給我，我相信我們雙方都從早期那個鉛筆算數問題學到了一些事情。我們領悟到雙方當時都太急著針鋒相對，而她的兒子其實值得我們好好捺住性子。

---

㊺ 譯注：一九五〇年代的家庭喜劇，原本是廣播劇，亦曾翻拍為電視劇，描述中產階級的家庭生活。

㊻ 譯注：美國知名導演伍迪·艾倫於一九七一年自導自演的電影，片名曾譯為《傻瓜大鬧香蕉城》。

這些遺失的報告其實從未遺失。它們更像是線索，協助身為學習專家的我，慢慢拼湊出每個孩子的狀況。遺失的報告，後來幾乎總能以某種方式尋回。

◆

寫這些並非有意要指控那些擁有更多的人。我之前寫過，我自己也算得天獨厚，受過良好教育，也在成長期間享盡優勢，可是，大部分養尊處優的人，無疑對世界應該如何運作懷抱著某種期待。他們預期得到更多，無法如願以償時便常常大為光火。但這些期待，其實多數時候根本無從檢視。在過去，這些期待甚至幾乎完全未經勘查。要承認這些事並不容易，但我們非做不可，如果我們希望擁有更符合道德或更美好的生活──那種生活不只能讓我們自己變得更好，也讓世界變得更好。

未受檢視的人生，表示我們會因為自己的富有或優渥生活而持續期待被給予什麼。大家都有權祈求好生活並為之努力，可是你無權期待未經努力就能獲得。在跟公園大道的父母們共事時，我發現他們都是預期孩子不需要太過努力就能獲得，或者預期孩子只要勤奮向上就理應有所收穫。

我曾與一位母親商談，她的女兒在寄出大學申請後便陷入憂鬱深淵。這位女孩相當優秀——支持女性主義，在乎時勢，對科學頗有天賦。她之所以難過，是因為她得到約翰．霍普金斯大學（John Hopkins）的入學許可，但她希望得到的更多。「她那麼努力，那就是問題所在。」她母親解釋。約翰．霍普金斯其實已經是所了不起的大學。這件事我們姑且不談。這位母親及這個學生的期待是，努力付出表示一個人總是可以得到自己想要的。倘若真是如此就好了。可是與我共事的許多父母，習慣做出類似以下的發言：

「他在寫作下了那麼多工夫，結果得到$B^-$。」

「我想，妳根本不明白，她有多努力。」

「她熬夜整晚才拚出那份作業，老師竟然還是不喜歡。」

這類說法的問題在於，總是將努力跟成果（學生是否真有那麼用功，這就難說了）串連起來。「只要用功，就會有好的表現」，如此告訴孩子，確實是撫慰人心。我所共事的這些家長們，我想他們大部分的狀況確實是努力不懈、成果豐碩，於是他們假定自己的孩子也是如此，努力和成果永遠並存。如此一來，努力就不再是自身的獎賞。這點對有學習障礙的孩子而言，特別會造成問題，因為他們可能很賣力卻沒有成果。茱麗雅必須比別人努力兩倍才能得到$B^-$，而她在AP進階先修課程的成績常常下探到C。莉莉為了追上大家的腳步，一直處於筋疲力盡的狀態，我必須告訴她：「是的，妳得比別人更加倍用功，而且成果不見得跟其他人一樣。」學校裡有些女生看似輕輕鬆鬆就能拿到

A，她想到就生氣。

不過，努力付出、心知自己在某件事情上投入力氣和時間，這點別具意義。也就是說，將成果與評論劃清界限。這就像是將樺木的樹皮刻成小船，看似粗糙，甚至醜陋，但這可能是你利用清晨無人在場時的努力成果。那是我們所能做到最好的事情，渴望為了苦幹而苦幹，是長久持續努力的關鍵。但是富裕者將努力和回報兩者視為交易關係，而且富人期待會有不同凡響的回報。

◆

弄丟的報告其實是表示你也錯失了機會。學生寧可宣稱遺失也不願自己摸索犯錯——或乾脆坦承出錯、懶病發作。他們傾向把自己的問題轉嫁到其他事情，遺失的報告成了方便的標靶。這其實反映了困擾他們或使其缺乏安全感的一切，而他們拒絕直面解決。

在我跟紐約市孩子共事的那些年，遺失的報告在我心中愈積愈多，像是真正的紙本報告那樣往上堆疊。它們成了象徵，有如《大亨小傳》裡的卓丹·貝克應該移動的那顆高爾夫球。故事中，謠傳卓丹作弊，雖然未曾得到證實，就像我遭遇過的那些遺失了的報告——或者說得更精確，是那些尚未出現的報告。尼克・卡拉威跟卓丹相處了一陣子，才想起那些圍繞著她的謠言迷霧。可是尼克並未責怪她不誠實，他只是將之稱為「無藥可救的不誠實」，因為他認為她以此來抵禦周遭嚴苛的世界。

失蹤的測驗紙、遺失的學期報告、錯過的師生會晤，都像卓丹誤置的高爾夫球。它們讓孩子可以在嚴酷的世界存活下去，他們覺得不靠這種手段，自己撐不過去。就像故事裡，卓丹的高爾夫聯賽，這些學生的賭注也很高。如果他們真想符合那種程度的競爭，就必須練習手腳敏捷，包括刻意錯置報告的手法也得熟能生巧。

# 7 被偷走的時刻

在充滿遺失報告的童年裡，有時喜樂和放縱的時刻顯得毫無預警。忙著為AP測驗啃書、考ACT、上私人壁球課、跟朋友用FaceTime視訊聊天，這些時刻才是孩子真正體驗釋放的時刻。這些都並未事先排定，如同穿透雲霧的閃光。

我擔任家教的孩子與在校學生都不太清楚如何得到樂趣，除非拿酒精當潤滑劑。高四生活的最後階段，大學申請已經在Naviance[47]系統裡，透過電子簽名封緘，同時通知他們清單上每所學校的錄取機率，接著，他們會陷入某種傑夫・史畢克力（Jeff Spicoli）[48]式的麻木，與其說是放鬆，不如說是挑釁。

一旦遞出了大學申請——這是起初拚命讀書的理由——他們就會讓全世界知道再也不想碰學校的事情。他們的行為會變得徹底憤世嫉俗。上學遲到，不做功課，原本竭力爭取成績B的孩子，開開心心任由成績下滑到C。他們對外放送的訊息是，他們已經努力過了，現在油盡燈枯，懶得再進入狀況。學校完全只是個交易——爭取機會進入聲譽卓著的大學——也許作用不大，但至少還能促進社交。

這些高四生故作漫不經心，實則都在演戲，只是模仿在B級青春電影裡看過的內容。對他們來說，放鬆就是穿著夾腳拖、不遵守服裝規定、大多數的日子睡到很晚。他們要不是被迫玩著學校的遊戲，就是墜入徹底且誇張的懶散。

◆

偶爾，我會看到他們處於正向心理學家奇克森特米海伊的「心流狀態」，就是與某項活動步調一致，直到時間不知不覺流逝。這與我許多學生度過大半人生的方式恰恰相反，他們往往從一件事被推往下件事，閃躲、迴避和忍耐一項又一項的任務。我常常納悶他們在壁球場或足球場上的模樣，因為他們在參與人生其他部分的態度是遲疑不決、三心兩意、飄忽不定。他們雖然參與巡遊賽隊，但常常在練習取消或父母答應不再逼他們去時才露出笑容。莉莉在某個忙亂的週一歡喜地喊道：「我今天不用去打壁球！這樣

㊼ 譯注：美國高中生遞交大學申請時普遍使用的平台系統。

㊽ 譯注：一九八二年青春喜劇電影《開放的美國學府》（*Fasttimes At Ridgemont High*）中的角色。

我就可以在十一點以前上床睡覺。」

比起大部分的孩子，崔佛更善於甩掉壓在削瘦肩膀上的職責，好讓自己心情愉快。他跟年紀較小的孩子相處時可以全然放鬆，愛開玩笑、直來直往，對於那些足以惹惱成人的闖禍精，他能直搗他們的心。跟年紀比他更小的男生一起在足球營的時候，為了讓他們洗手，他會說：「等你們再長大一點，會開始喜歡女生，而女生不喜歡手髒髒的男生。」結果所有的小男生都跑去洗手台前乖乖排隊，不發一語洗著髒兮兮的手，困惑的程度可能等同敬畏。

崔佛是個吹笛手，不管走到哪裡都會有一群孩子們跟前跟後，在足球賽誦念他的名字，長大以後想跟他一樣。他在家裡的地下室邊哼歌邊搬家具，把身上的衣服弄得髒兮兮。他坐在外頭的矮牆上，跟著維修人員吃三明治，笑聲可以直達中庭。

莉莉對於時裝相當敏銳，將《Elle》、《Vanity Fair》、《Vogue》雜誌內頁貼滿牆面。她將化了有趣彩妝的模特兒照片靈巧地剪下來（想想：金絲雀黃眼影是可行的，走台步的模特兒都穿著裹身裙搭過膝靴）。平日得穿女生校服搭彩格裙子，她只能在週末換上這些時裝。

「金銀舞會」（Gold and Silver Ball）是紐約市菁英私校（及新英格蘭住宿學校）學生們會受邀參加的正式慈善活動，莉莉從受邀開始便一直處於狂喜狀態。不只是因為會有舞伴（一個家族朋友會陪伴她出席），也因為終於有觀眾可以欣賞她的時尚實驗——她在一年當中的大部分時間都無法展示的風格。她穿上銀色合身洋裝，搭配金屬皮包，那些光澤非常適合她；她將頭髮紮成凌亂的髮髻，最後披上絲絨斗篷。她以這身洋裝向我和她母親展示，也以這種方式來表達自我。

雖然這是種倒退的說法，但就某些方面而言，她更適合出生在較早的年代。那時的女人只需戴著及肘的黑手套，別人不會期待她在壁球場和教室有出類拔萃的表現。莉莉反而無法探索自己這一面，只能在舞會這樣罕有的場合把握機會。她的母親麗莎也一起共享歡樂氣氛，莉莉會搔首弄姿，縮起臉頰模仿《Vogue》的模特兒。她和母親為了這場活動提早開始做準備，母女終於攜手合作，兩人都很興奮。

「媽，能不能讓坎貝爾過來拍個照？」她問。

「現在嗎？現在是週間晚上，而且布萊絲在。」麗莎說。

「拜託啦！只要幾分鐘，這樣就可以貼到Instagram上？拜託？」

母親還分神在手機上，莉莉走過去抓住母親的雙手上下搖晃，直到母親抬起頭來。

「我們必須想辦法讓更多人參加舞會，先秀出自己的禮服給她們看，她們才願意去。要是大家撞衫——那可是一場災難！」

麗莎點頭同意。她放下手機——至少只是揣著，沒再一直滑手機。後來她便看著莉莉、她朋友坎貝爾和後來加入的麗芙，她們展示著禮服、鞋子和彩妝，將照片貼上Instagram和Snapchat，以便吸引朋友來參加。莉莉拉下肩帶、旋轉身子，麗莎哈哈笑著對女兒說：「妳好辣！」同時做出假裝燙到手的動作。

舞會過後，莉莉的牆壁貼上她跟朋友擺姿勢走台步的照片，她簡直如魚得水。而當她回到單調辛苦的日常——壁球課、家教課、測驗時，那些照片好似都在回瞪著她。彷彿時光永遠凍結了，灑入房裡的陽光逐漸將照片曬至褪色，接著從牆上剝落。沒有新照片能取而代之。

◆

蘇菲是一位游泳選手，因為腳受了傷、打上石膏無法參加練習而興高采烈。我碰到這種現象很多次——孩子不因身體受傷而氣惱，反倒求之不得，因為那就表示可以在場邊待上幾個星期，好好喘息。有個家教學生就讀的是一所要求十分嚴格的曼哈頓私校，他向我傾吐心事：「葛羅斯伯格博士，別跟別人說，可是我好希望籃球隊輸掉，這樣我們就不用天天練球。」他說得很小聲。我跟他說，我的口風很緊，他才一臉如釋重負。無奈球隊節節勝利，打進了錦標賽，他變得愈來愈疲憊，愈來愈氣餒。一週練習六天，只有星期天能休息，教練常常逼球員跑步跑到嘔吐為止。學生田徑隊員每天都跑——陰晴雨雪無阻——而且常常是穿著短褲，我納悶是否只有龍捲風才阻擋得了他們。

蘇菲肩寬臂長，泳技甚佳，但她最想要的就是連續幾週不進泳池。某天上家教課前，蘇菲的母親提起女兒體重增加，調侃地掐掐她的纖腰，要她「少吃薯片」。我連蘇菲增加一盎司都看不出來，但我可以看出她有了足夠的休息時間，也變得更快樂。孩子祈禱自己受傷才能喘口氣——用斷骨來換喘息時間——我從沒料到自己會見識到這種事。

◆

樂趣有時是必須硬塞給孩子的東西。他們籠罩在電玩螢幕的光暈中，很少有機會接觸更單純的消遣。有一回，我跟其他老師帶著一群九年級的私校生前往阿帕拉契山的樹林，很多孩子都嚇壞了。即便我們住在有乾淨木頭地板的小屋，有紗窗和抽水馬桶，孩子們仍躁動得睡不著。很多人不曾真正離開城市——至少沒去過樹林——接近啁啾的小鳥也讓他們變得緊張。天空下起滂沱大雨，打了一陣早秋的雷鳴，一連串嘔吐隨之而來。有個女生似乎真的很不舒服，最後只好去學校護士的小屋處理（跟我們相較起來高級多了），其他人則似乎只是想家。我記得自己還在學走路時，就已經在軟塌的帆布帳篷裡露營，還有熊過來撕扯我們的垃圾，可是這些孩子從未在夜裡如此接近大自然。三天內，他們必須承受雷雨、因為想家失控哭泣（請留意，他們已經十四歲了）及整理自己的餐桌。

自由活動時間，他們可以打籃球或划獨木舟，看起來似乎很開心、活力充沛，就像預期孩子們會有的反應，直到其中一個在臨時起意的籃球賽裡單手上籃而弄斷手腕（因為長期打一種競賽運動，骨骼變得單薄易碎）。我們在星期五的下午返回紐約市，孩子們如釋重負，父母則在休旅車裡等著要載他們去漢普頓，在那裡，他們顯然不需要跟大自然有這麼密切的互動。

◆

我從不明白，富人的孩子（至少其中一些）為什麼不能規劃自己的人生方向。他們為什麼不能擁有自由運用的時間？為什麼不能選擇自己的職業？為什麼時時刻刻都要被守護？理論上，其中不少人擁有自由（以及金錢）可以選擇自己想要的任何道路，可是他們卻被導向有限的選擇。在這些孩子的生活裡，分分秒秒都是交易，都要導向賺錢的行業，或者在許多女性的案例裡，是導向有機會跟高收入人士結為連理的賺錢行業。

崔佛考PSAT[49]時，必須先決定大學主修科目，以評估大學招收入學的可能性。他檢視了一連串行業清單想尋找房地產的相關科目，我笑了，以為他在開玩笑。後來我才明白，原來他的父母早就叮囑他未來必須進入房地產業——而且不是我以為他在說笑的那種低階經紀人，而是從商業房地產的大咖開始做起。他對大學的概念如同一場交易，我無法理解。

這種交易性質支配著富人所做的大部分事情，包括享樂。蓋茲比自己將娛樂視為達到目的的手段：他的房子是為了舉辦派對，他的派對是為了吸引黛西，連他的襯衫都是為了打動她的芳心。但他所有交易的目標都在於贏得愛情。在他的地產盡頭，可以越過海灣望向黛西所在碼頭末端的綠燈。他的派對是為了找到像愛情一樣的東西，而他設想的對象是黛西。

位居前百分之一的富人在尋找什麼，這點不見得清楚。清楚的是，他們從小開始，就像蓋茲比那樣，在《霍帕隆·卡西迪》（*Hopalong Cassidy*）[50]書裡的扉頁設定時程

---

[49] 譯注：全名為Preliminary SAT，一般譯為SAT預考，可作為學生考SAT的預估指標。

[50] 譯注：美國作家克萊倫斯·馬佛德（Clarence E. Mulford）在一九〇四年虛構出來的牛仔英雄，並以此撰寫了一系列的短篇小說。

表。蓋茲比（當時叫詹姆斯．蓋茲）發展出一份自我提升的時程表，包括每天練十五分鐘的槓鈴以及攀壁，然後研讀電學一個鐘頭，再來是研讀「需要的發明」兩個鐘頭。他只分配半小時給棒球和競賽運動，彷彿要克制自己的享樂。小說在這裡留給了讀者忖度空間，揣測蓋茲比遵守這些自我改善練習的程度有多麼嚴謹，因為他後來透過跟幫派分子的連結，又或許是在一九一九年的棒球大聯盟打假球事件參了一腳，賺進了財富。蓋茲比通往財富的道路並未因為努力、自我提升以及不當手法謀財而變得輕鬆，但他成長期間受到的是美國信念的薰陶：嚴格遵守紀律和時間，排除萬難也要提升自我的準則。

崔佛的家人和其他類似家庭，也在這兩種神廟膜拜，雖然兩者完全處於對立位置。就像易受影響、年輕的詹姆斯．蓋茲，崔佛透過嚴格的學校、健身、球賽和家教，持續遵守緊湊的時程表，毫不鬆懈，自我改善。不過他的父母也知道，有時還是得用捐款來潤滑他的命運之輪——不是透過不當手法謀財，但在很多方面都與自我改善的道德觀背道而馳。不過，他們信仰雙重宗教，奉行兩種廟堂的教規。

◆

我擔任家教的那些孩子裡，多代富貴人家的孩子瓦倫，似乎最懂得安排自己能自由運用的時間。他每個星期花很多天的時間練習樂器、玩音樂，還能只是因為好玩就去多學幾種外國語言。我也發現他的父母常常閱讀《紐約客》，而且持續關心他的寫作狀況。瓦倫很少露出疲態或承受壓力的模樣，幫我開門準備上家教課時總是哼著歌。我很喜歡在他家停留的那一個鐘頭的時光。他會主動詢問是否需要泡杯茶給我，也會好好思考自己寫的東西。在我們上課的那段時間，他逐漸發展出一套幫助自己成為優秀寫作者的方法。他非常留意細節，能寫出簡練機智的句子，也具有分析能力，這讓他的寫作不只思路清晰，也十分優美。最棒的是，寫作對他來說不是折磨。他喜愛閱讀、寫作和思考，而且確實下了工夫。

瓦倫的家族甚至早在美國內戰時期已經奠定地位，他是最接近《大亨小傳》布坎南一家的人物（不過，跟黛西和湯姆．布坎南不同，他和他的家人都十分和善）。有些家族紀念物都懸掛在他家牆上，也包括了像是女性學者的肖像。我並非來自這個階級，有如我共事的大部分的學生，我來自蓋茲比族群，奮發向上，是新美國夢的創造者。我的家族是二十世紀之交的猶太移民，從俄羅斯和波蘭遷到麻州的牙買加平原，他們在那裡的鞋子工廠上班，然後搬到布朗克斯區，在那裡車浴簾，再搬到曼哈頓的下東城，在禁酒時期用浴缸製酒。

一定要來自瓦倫家族，才能像他一樣，覺得世界很可愛嗎？他的父母對金錢並不執著，也將那種態度遺傳給他。每次我路過他家在蘇活區開放式空間的磚造建築，聖誕節時節以花圈裝飾，春暖花開時放著鮮花花架，似乎就像黛西碼頭盡頭的光對蓋茲比帶來的承諾——那種自在、舒適的風格，知道自己已經功成名就。

不像布坎南一家，蓋茲比不大知道怎麼享樂。布坎南一家的樂趣常常以災難和騷亂告終，但他們熱中於打馬球、高爾夫和駕車兜風。對蓋茲比來說，每個時刻都經過盤算，每場派對都有終極目標，而不是毫無顧忌地拋開憂慮。也許美國資本主義的信仰，整體來說就是禁止這類的享樂主義。無論如何，對我擔任家教的大部分孩子而言，這些都是陌生的事情。

他們也慣於為了致力的目標分配時間。若能讓他們自行決定，除了縱情酒精、毒品或電玩，他們通常也不知道該拿這些自由時間怎麼辦。連看似享樂主義的追求，實質上也並不是。我擔任家教的一個學生，在十六歲時成為專業賽車手。他離開紐約到全國各地參賽。這些活動包括了每天在模擬器上訓練、思考轉彎技巧、跟訓練員一起健身、思考下一場賽事。他還沒拿到駕駛執照前就已背負了專業運動員的重擔。他唯一可以合法駕駛的地方，就在賽車道上。

◆

有個燦爛的五月天，為了空出教室讓高三和高四生考AP考試，校方准許崔佛那班跟著一些老師去康尼島（Coney Island）[51]。這些學生從沒去過那裡。他們緊張兮兮地走近地鐵，大多數人根本不曾搭地鐵遠至布魯克林區——深入布魯克林，他們要在路線尾端下車。沿途，地鐵在某些點會駛上地面，他們得以見到多數人從未涉足的紐約地區。但，旅程上，他們只是忙著用塑膠吸管互射小紙團。

他們在骯髒破敗的木棧道（蓋茲比時代曾大量建造）上散開，眺望海洋。「那個是以前嫖妓的地方嗎？」有個學生看著木棧道旁以木條封起的破屋時，大聲發出疑問。我納悶他是否聽過「妓院」這個詞。這個可能性顯然挑起了他的興趣，他顯得比在課堂時更活躍。孩子頭一次在Nathan's熱狗店用餐，享受著薯條，海沙在四周頻頻飛掃。海鷗瞄準掉在地上的薯條俯衝下來，他們試圖嚇走海鷗但沒成功。他們皮膚嚴重曬傷，搭地鐵回家時險些迷路；一回到上東城和上西城，就趕去練壁球、跑步和棒球。這是他們難得偷來的一日閒，隔天，他們就得回到學校。

[51] 譯注：位於紐約布魯克林區的半島，為知名休閒娛樂區。

# 8 新大學的嘗試

現在，全世界應該都聽說過這些大學的入學醜聞了：富有的家長僱請槍手替自家孩子考試、賄賂大學體育教練、假造孩子參與競賽型運動，最後面臨牢獄之災。這些騙局很極端，但也暴露了許多有權有勢的家長及一路上協助孩子的顧問公司，在孩子申請大學時的態度多麼迫切。說到底，大學的申請程序就像重大親職超級盃延長賽。有輸有贏，沒有中間值。

記得美國職業橄欖球聯盟冠軍賽「消風疑雲」（Deflategate）[52]事件嗎？據稱愛國者隊為了搶占上風而將對方的球偷偷消了氣（這件事在波士頓依然飽受熱議）。在將孩子送進大學這件事上，也可以說公園大道的父母是企圖將球消氣。無盡的策略和共謀。最後的結果——孩子進哪所大學——等於對整個球季的裁決，也就是對孩子整個教養過程的裁決。很少球迷會說：「嗯，至少我們今年進了AFC亞足聯冠軍賽。」同樣的道理，很少公園大道的家長們會說：「謝天謝地，我們進了凱尼恩學院（Kenyon）。」不，在知名的大學入學比賽裡，贏家通常進的是長春藤盟校或史丹佛。另有幾所大學還過得去——適合學究的芝加哥大學，也許還有威廉斯（Willams）學院和安默斯特（Amherst）學院。對於那些因為進不了長春藤而想挽回顏面的人，則會選擇英國的牛津。沒人聽過的大學、實驗性大學以及「任何比米德伯理（Middlebury）還差的地方」（米德伯理是佛蒙特州赫赫有名的文理學院）都不會出現在清單上。正如這些家長所見，部分問題在於耶魯那樣的大學只會從每所私立學校錄取幾位學生，而校方盡量讓學生來自四面八方，如此一來，學生從公立學校申請的勝算反而更高——或者像密西西比州，那裡不會有很多人申請長春藤盟校。

所以，在我們開始分析通往超級盃的整個漫長賽季之前，先把遊戲規則講清楚。對父母來說，每個孩子都是傳奇四分衛湯姆．布雷迪（Tom Brady）。每個孩子都注定要偉大，只要他們可以找到正確的團隊。如果孩子不能進耶魯，那就是團隊不對。我會盡量不要把超級盃的比喻使用到令人厭煩，但真的很貼切。組隊的時間要趁早開始。很多家長從八年級就開始。在蘇菲的案例裡，她的支援人力在我認識她以前就已經成軍。

「她正和威徹斯特郡的一些人配合，他們只是想評估一下妳的狀況，確定妳真的合

---

[52] 譯注：美國職業橄欖球聯盟冠軍賽於二〇一五年發生的事件。

適。」蘇菲的母親是在她就讀九年級期間通知我的。

這個大學顧問團隊對學習差異似乎一無所知，那就表示我必須跟他們談談，並且解釋我對蘇菲的教學方針。說得更精確些，我必須跟某個叫諾耶（Noëlle）的人談談，她的言談聽來感覺只有二十三歲。我發了電子信件給她，預約商談時間，拼她的名字時要在e上多加兩點（ë）令我格外心煩，可是我知道如果我不這麼做，她會不高興。那個變音符號是她自我價值的呈現。

「我們想替蘇菲找到一個平衡點，可以放鬆，同時也能取得成功。」諾耶解釋給我聽。帶領這個大學顧問公司的老闆寫過一本如何進大學的書，在長春藤盟校入學辦公室短期工作過，因為太過忙碌而無法親自跟我對談。我納悶她在忙什麼，想說服希拉蕊·克林頓替某個申請人寫推薦函給耶魯大學嗎？

「我們想協助蘇菲真正**達到**——」她拉長最後兩字的音，好讓我明白含意，「可是，當然，我們希望她快樂。」諾耶又說。「她只是個活潑快樂的孩子。」

我實在不確定她在說誰。我所認識的蘇菲，那個收藏利摩日名瓷空盒的女孩，可不是個快樂的人。她的可塑性高，表現也很好，但她並不快樂。在順手牽羊事件過後，她的父母買了對鑽石耳環給她，跟她企圖偷竊的同款。他們似乎認為她在尋找一對完美的耳環。

「我也希望蘇菲快樂啊。」我咕噥回應，完全不知所措。真討厭，我竟想不出更好的回應。

這間大學顧問公司肯定會要我走路，我考慮在自己的名字上加兩點（Blÿthe?還是Blythë?）。蘇菲的媽媽告訴我，那些顧問很喜歡我，這倒令我很訝異。她解釋：「我的意思是，**愛極了**，他們認為妳太適合她了。」我懷疑我的哈佛學位跟他們的裁決很有關係。不過，我覺得挺有趣。這種肯定方式可不是大部分一九七〇年代的孩子每天會聽到的。

這家大學顧問公司判定蘇菲應該報名去上暑期課程。問題是，蘇菲對那些內容都沒有什麼興趣。他們搜尋哥倫比亞的目錄，找到了與STEM[53]相關的課程、晦澀的歷史課程，及一門劇本寫作課，好讓她看起來多元發展。

想當然耳，她一定也要透過家教才能通過這些課程，那就是我要在某個漫長炎熱的夏天教授她俄羅斯歷史的原因。我對俄羅斯歷史的重大事件很熟悉，如解放農奴、殺害沙皇、大屠殺等等——我祖母曾和我談起，歷歷在目，彷彿昨天才發生的事。可是這門

[53] 譯注：STEM這個教育理念強調跨學科學習，分別由科學（Science）、技術（Technology）、工程（Engineering）、數學（Mathematics）第一個字母縮寫而成。

課是中世紀俄羅斯，在基輔羅斯國（Kievan Rus）時代。我發現我很愛這種東西，所以花了不少時間向蘇菲解釋，古代俄羅斯人對蒙古人的恐懼其實很有意思。大半的家教時間裡，她都在觀察自己的髮尾分岔，然後為了期末考試才會往腦袋狂塞東西。她對臨時抱佛腳如此拿手，令我驚嘆。她可以記住一長串中世紀俄羅斯領導人的名字，我只要把相關資訊告訴她，她就能全盤掌握。她的期末考試成績優異，我日後曾向她提起那場著名的蒙古入侵行動，她的反應只是「啊？」彷彿不曾聽過這件事。但她的成績單上卻能拿到哥倫比亞大學的A。

蘇菲的父母一直在玩這樣的遊戲，他們是這方面的專家。班恩的父母則是很晚才加入。我確定班恩需要更多關注，或許也需要評估看看是否有學習差異的狀況。我試圖聯繫他的母親未果。她回了我電話，說她正在吃晚飯，然後再也沒有回電。我後來在報上看到她出席社交活動的消息，但她既沒回電也沒付我家教費。我的帳單是六百美元，包括幾個星期的家教課，一直拖到夏天都沒結清，但我後來在報上讀到的消息卻是他們全家去了長島參加高爾夫聯賽。

雖然班恩的母親鮮少參與兒子的學業，但是在班恩進入高四那年，她對他的大學申請流程變得極為關注，將兒子的教育視為另一場聯賽。她集中心神，對學校入學諮詢員和老師提出各種要求。問題是，班恩此前便一直在學業中掙扎。班恩的學校高層將她形容為**熊媽媽**（mama bear），這是比較客氣的說法，老師之間可就沒那麼留情面了。即使他的在校成績或測驗得分壓根不到入學標準，他的母親仍堅持學校支持他去申請如普林斯頓之類的大學。這家人在訴訟上失去了大筆財富，沒辦法以大筆捐款來為兒子鋪路。他最後進了一所南方的大型學院，在那裡他也幾乎沒受到任何矚目。而他的母親，則將注意力又放回了高爾夫球賽。

◆

大部分孩子碰到的問題不是他們的競賽運動資歷，畢竟他們從孩提時便已開始接受訓練；也不是在校成績，因為他們一路以來都有家教帶領。問題在於標準化測驗——像是ACT或SAT。我不認為這些測驗的立意良好，結果也發現，要預測學生在大學能否成功，在校成績比這些測驗積分更有參考價值。說到底，這只需要一個學生坐下來考個幾次測驗，但高中成績卻是學生在校時間表現的衡量。一個不知道如何計算梯形面積公式但有毅力去找教授並主動參加額外讀書會的學生，在大學的表現會勝過在SAT數學項目考到天才般的滿分卻永遠沒有動力下床去上課的學生。

研究員確認了我的直覺。賀曼．艾古尼斯（Herman Aguinis，當時在印第安那大學的凱萊商學院）和他同事採用了幾十萬個不同種族背景的學生為樣本，發現ＳＡＴ無法準確預測在大學的成績；對某些群體來說，ＳＡＴ高估了他們未來的表現，對其他群體來說，ＳＡＴ的分數則低估了他們未來的表現。根據超過四十七萬五千名的學生資料顯示，這些測驗對各個不同大學、學院或學生子群體來說，都不是可靠的衡量。

艾古尼斯的研究徹底且精確破解了標準化測驗具有效力的迷思，而我很久以前就不再相信標準化測驗的成果。我擔任家教的那些孩子，其中不乏ＳＡＴ或ＡＣＴ滿分或接近滿分，結果有的上大學後被迫退學。尤其是其中一個個性討喜的男生，ＳＡＴ的數學項目信手拈來就考了高分。他解開數學問題的速度令人羨慕，我永遠望其項背。他憑直覺就能理解那些數學題目，而我只能用十年級學到的那些代數公式慢慢計算。我幫助這個學生在他休學期間學習「執行功能」（executive-function）技巧，也就是規劃、組織、管理時間等，而他承認自己的數學技巧在他入學後並沒有什麼幫助。「我只是用來玩線上博奕。」他爽朗承認。他對自己的弱點有種惹人憐惜的理解，最後他決定先在社區大學花點時間改進閱讀技巧，再看看下一步怎麼走。

確實，有種學生在ＳＡＴ上有不錯表現，因為他們累積了不少閱讀經驗，也全心投入學習。我就是這種學生。可是ＳＡＴ或ＡＣＴ的得分永遠只能視為更大申請內容的一部分。我覺得奇怪，學生花了許多時間跟金錢準備這些測驗，但在校成績卻普普通通。

標準化測驗得了高分但校內成績低分的學生，在申請大學時還會被貼上一個超大的U（或是類似的記號），代表**動機不高**（undermotivated）。我很驚訝，這些家長為了表現平平但聰明伶俐的學生花大把錢提升SAT分數，但高分卻是孩子能呈現給大學最糟糕的東西。也許家長們的思路類似這樣：「至少他可以讓大學看看他有多聰明！」但大學通常不想招收整體表現不夠好的學生。這些父母當初不如把錢省下來，花在孩子的音樂課或其他課外活動上還比較值得。

SAT和ACT的分數幾乎毫無價值，卻是公園大道多數孩子想入學那些學校的基本門檻。不少大學將這些測驗分數設為非必要，但長春藤和同等學校依然要求符合測驗，這是他們剔除孩子的手段。符合資格的申請人遠遠超過校方的錄取名額，於是那些測驗成為篩掉大量人數的方式。我共事的學生們雖然受惠自極好的教學，但是他們並不熱愛閱讀，平日也不會主動閱讀，碰上SAT裡困難的閱讀段落就會觸礁。雖然在課堂上有人手把手帶領他們精讀，但是文本如果難度高、充滿慣用語、刻意誤導、敘事者多變，這些學生對於解析這樣的文本並不熟稔。這部分也很難透過家教進行。學生可以輕易拉高數學分數，但如果平日沒有閱讀習慣，也不曾花多年的時間自己看書，通常應付不了SAT的閱讀項目。如果他們閱讀經驗不足，即使擁有高社經地位，意義也不大。

我在哈佛大學，也遇過其他學生，某些書本之外的字眼他們從未聽過。他們知道**自**

**學者**（autodidact）這類字，但純粹只因為在書本讀過。如果他們聽到教授親口讀出這些字可能會歡喜得雙眼噙淚，因為一直到大二那年都還常常唸錯，這些字只在紙本上讀過而從未聽人大聲說出口。在這種案例裡，閱讀勝過社經地位。第五大道的孩子則常常有相反的問題。

我替幾十個孩子為了這些測驗擔任家教，我可以在此將其比喻為在一片巨大花園裡鋤地，裡面滿是破掉的盆子、野草、毒藤。我的職責是要清理花園，創造整齊的一排排茂盛植物。有很多孩子面對十九世紀或日本文學的閱讀段落，無法掌握慣用語，或是無法表達。他們會誤用一些簡單的生字，這表示他們平日並不閱讀，只是平時會說而已。他們對何謂文法正確完全憑藉來自YouTube影片的感覺，我告訴他們，他們最愛的微網紅（microinfluencer）說的英語並非是標準英文時，他們的態度會變得很好鬥。

我看著蘇菲的ACT作文，告訴她，「*based off of a movie*這個寫法不對，正確的說法是*based on a movie*（根據一部電影）。」

「*based off of a movie*完全正確。」她嘆氣，對著瀏海吹氣。

「這樣說是對的，但不能這樣書寫，這之間有差別。」

「隨便，ACT幹嘛這麼不知變通？」她將鉛筆甩到一旁。我看得出她的動作是表達氣餒，而不是無禮。

後來，我請她分析*Yellowed with age, my grandmother removed the dress from the box*（我祖母因為年久而泛黃，將洋裝從盒子裡拿出來）[54]時，她帶著戲謔的心情回答：「哪有錯？祖母年紀大，人老珠**黃**啊。」但我知道她已經學會怎麼揪出錯置的修飾語，而且她知道這句話文法有誤。

蘇菲的反應很快，我們準備ACT的家教時段，針對文法、寫作、慣用語所上的課，對她來說只是個遊戲，化約成她可以遵循的規則，像是看到描述時要確定後面跟著描述。沒必要深入解釋錯置修飾語，因為這對她而言毫無意義，只是另一個背誦的練習，就像我為了猶太成人禮而去弄熟妥拉經文一樣。ACT家教對她而言是個成年儀式，就像她高四的畢業舞會。她通過考試的方式如同她通過其他事情——耍嘴皮子勉強應付。她甚至提前完成法官因為她順手牽羊而規定她要做的社區服務時數。她準時現身、剷起垃圾，然後繼續往前。似乎什麼都撼動不了，也驚擾不了她。

◆

[54] 譯注：「泛黃」原本要用來修飾盒子裡的洋裝，這樣寫會變成祖母「本人泛黃」。

蘇菲ACT考了三次，上了數不盡的家教課。她的父母替她報名參加一家曼哈頓測驗中心的模擬考，監測她的進步狀況。她可以在正式考試前坐下來先考幾次，而且周遭環境會盡可能複製真正的考場——這種優勢，全國少有孩子能夠享有。

她的分數接近三十分（ACT的分數是從一到三十六，競爭度更高的學校會要求三十分以上），再加上她在哥倫比亞修的課程（雖然她老早忘記基輔羅斯國）以及透過母親人脈在麥迪遜大道一家藝廊完成實習，已經極具優勢。她可以參加這場賽事，而她持續努力，針對我在英文項目提出的技巧詳加練習，以及另一位聰明的哥倫比亞研究生在數學家教傳授的妙招，她的總分最後拿到了三十一。這個成績加上她在校脅迫老師所得到的A，足以進入一所七姊妹學校（Seven Sisters）[55]，是東岸聲望很高的女子學院之一，我想她在那裡會一帆風順的。蘇菲跟電影《獨領風騷》（*Clueless*）[56]裡的雪兒很像。她其實搞不清楚自己的大方向，但是願意無所不用其極，包括讓老師為了阻止她再發牢騷而寧可退讓並給出高分。她準備好要過順遂的人生了。

前提是——如果她可以想到自己的共通申請（Common App）[57]文章要寫些什麼。每個學生填寫多數大學使用的申請表時都必須寫好這篇文章，字數上限為六百五十字（有些學校也會在各別的申請表要求再加入額外的文章）。那等於是一面空白畫布，可以藉由這個機會告訴大學一些從申請表其他部分看不出來的事，關於自己的事。孩子習慣針對《梅岡城故事》的絲考特或是《大亨小傳》的黛西．布坎南寫作，可是不習慣寫自己。這個任務令人卻步，而簡明扼要只是障礙，而非助力。

◆

對父母來說，共通申請作文的問題（是個開放式的自我介紹），即使是殷勤過度的諾耶都沒辦法替孩子寫好。他們當然可以做到，但入學委員會的嗅覺靈敏，立即就會察覺何者假手他人。就像麗莎替莉莉撰寫的《羅密歐與茱麗葉》報告。作品一定要是原汁原味，必須像是出自孩子之手，一定要吻合他們之前寫過的東西，要不然申請時就會很不一致，顯得格格不入。想法必須來自孩子，但在申請的其他資料裡，主題又不能顯而易見或過度表現。

莉莉每天早晨和下午幾乎都在打壁球，可是作文卻不能寫壁球。寫文章這種事，呈

⑮ 譯注：美國東北地區七所文理學院的總稱，因為這些學院以往都是女子學院而得名，均成立於十九世紀。
⑯ 編注：於一九九五年上映的美國校園青春喜劇電影。
⑰ 譯注：全名為Common Application，申請美國大學的線上平台。

現的是一個世界、一個時刻、一番頓悟，是入學委員會還不知道的。問題正在於，這些孩子所有的時間都有人事先安排好了，他們無法體驗生命裡那種深刻的領悟。這些頓悟從何而來？我在麻州小鎮成長期間，當我正看著鄰居的綿羊（以及不知該怎麼樣阻止牠們交配），從四周圍繞著楓樹的田野而來；或是在貴格教會墓園裡遊蕩而來——那裡有簡單的鐵十字架標示出一百五十年前的亡者埋葬地點。這些孩子沒時間遊蕩，沒有空閒時刻讓靈感不請自來。

行程滿檔的生活，寫不出精彩的大學作文。沒有任何一個入學委員會想聽家長付費讓學生參加前往哥斯大黎加的公共服務之旅。他們無法從中獲得學生的多少資訊。更沒人想聽學生夏天去豪華度假聖地嬉戲的經歷。也沒人想聽學生在運動場獲得成功的事。

寫文章的養分，來自隨機而生的洞察時刻、受辱時刻，或真正踏進某個未知世界的時刻。來自位居前百分之一家庭的這些大學申請人，常常誤以為跨越地理界線就是跨越心理界線。有時確實如此，旅行可以打開眼界，但豪華旅程會將旅人跟更深層的發掘隔絕開來，反倒失去這樣的效果；而即使打開旅者的眼界，也很難以文字捕捉體驗，並真正做到深刻省思。

◆

我跟一個叫諾亞的高四生坐在他的新蘋果筆電前，不停地滑筆電螢幕，看著共通申請作文的題目提示。

諾亞完全想不出可以寫什麼。我給他提示。我提供策略，協助刺激他的心思，要他想想那些獲得重要體悟的私己時刻。我們拿出他的童年相簿，仔細琢磨，尋找任何曾經協助形塑他的人物和事件。到了這個練習的尾聲，我們身邊有堆積如山的照片，舉凡棒球賽、家庭晚餐、學校音樂會、度假，應有盡有，但他什麼想法也沒有。

我沒辦法提供他構想。我可以從旁觀者的角度看著他，告訴他，我認為他跟別人不同的地方在哪裡——他的母親是日本人，父親是法國人——但我依然無法告訴他，為什麼這些事能大作文章。如果他使用我的提示，聽起來反倒不真實，只會讓共通申請作文注定失敗。他花了許多日子思考，決定寫寫母親是日本人、父親是法國人的事情。那篇文章還過得去，前面確實有些引人之處，但整體而言，難以觸動人心。

我讀過最棒的申請大學作文之一，出自一個叫卡里爾的學生，他的父親從中東進口石油。這個學生在手腕上輪流掛著不同款的勞力士，有些是古董，有些是新品，全部價格不菲。他看起來像是那種傲慢自負、令人難以忍受的孩子，但事實上，他的個性謙遜，體貼善良。

讓他謙卑的部分原因是，他有學習問題。身處超級成就者的家庭，他在學業上掙扎不已。他曾在作文裡提起自己的研究索引卡、教師之間的肢體碰撞——真正的肢體接觸，導致他意識到自己需要協助。他很感激諸位教師一路的帶領，而這種謙遜就反應在他的作文裡。他不怕寫到自己的多次失敗，一路學到了什麼，往後也持續需要支援。讀來像是反直覺的作文，跳脫了典型寫法——典型寫法是藉由承認小缺陷，彰顯出更大的優點。而這篇文章，帶出了他持續的掙扎，有時缺乏自信，需要跟老師和教授建立連結，才能覺得更有自信並有良好表現。但入學委員喜歡的就是這類作文，因為有肌理、有真實感。寫這篇文章不是為了取悅或打動他人。卡里爾很清楚自己身為學生的狀況，入學委員會則對他的成熟度印象深刻。

和一般想法相反的是，寫大學申請作文沒有一蹴可幾的方法。沒有所謂的神奇主題，也沒有一體適用的訓誨可以留給讀者。這不是電梯行銷（elevator pitch）[58]，而更像是為時十分鐘的對話——像是電梯卡在樓層之間幾分鐘那種。你可能覺得害怕，可能想對一起困在電梯裡的同伴說些自己的事。你可能會講個故事，或是解釋你為什麼希望電梯不會一路下降十層樓直落深淵，他們離開電梯時就會多認識你一點。

如果你能明白文章是一種長度稍長、露出脆弱面向的對話，就會知道為什麼我共事的一個男學生，一個壁球明星選手，決定要寫朋友出櫃的事。他並未選擇要寫壁球，入學委員會已經知道他打壁球。反之，他寫了篇真心誠意的文章，敘述了他的朋友在學校露營旅行時出櫃，其他學生對這個朋友表達支持的事。內容並不浮誇，反倒頗為細膩，每個字都經過仔細琢磨，散放著水下石堆的光澤，令委員會為之驚豔，最後他得以進入長春藤盟校裡一所高度競爭的文理學院。

瓦倫，有陶藝家父親和銀行家母親的那個男孩，家族世代畢業自哈佛，我初次讀到他的草稿時，就已經是一篇近乎美麗的文章。瓦倫是狀似真正快樂的罕見孩子之一，部分因為他享受著心靈生活以及音樂世界。他自己飽覽群書，年紀較小時便開始讀神話，能捧著一本書在想像力裡翱翔。他也有內建於記憶庫裡的文字，讓新的閱讀內容得以引起他的共鳴。他可以透過記憶將這些內容傳遞下去，與他腦袋裡累積的大量閱讀交互作用。他的標點和文法起初亂無章法，但是帶領他組織寫作內容兩年之後，我可以充滿自信地告訴他的父母，他不再需要我。他曾請我幫忙檢查他的大學作文，只不過打了幾次草稿，成果已逼近完美。他寫的是：他身為幼子，置身於企圖心強大的家人之中，閱讀反烏托邦的故事對他而言別具意義，提供了逃脫的窗口。

要是早生幾個世代，瓦倫輕而易舉就能進入哈佛。他才智非凡，心思敏銳，高四那年已經成了卓越的學生。問題在於，九年級和十年級期間，他依然在處理寫作和讀書技

---

⑱ 譯注：又稱「電梯簡報」，是一種在短時間內達到成效的自我行銷方式。

巧，而且有些校內成績偏低，但要進哈佛那樣的大學需要有超乎尋常的成熟度。有些學校喜歡在學生的個人檔案裡看到成長曲線，也就是邁向成熟的軌跡，但哈佛不見得屬於那樣的學校。雖然他的家族成員從一九〇〇年以來都讀哈佛，過去也捐贈了幾百萬美元，而他也是貨真價實的知識分子，SAT分數很高，作文顯示出他真實的深思熟慮，但是對哈佛來說，可能還不夠好。

大學顧問公司為了包裝申請者，試圖針對大學申請作文，給申請者一些故作可愛的新奇技巧。例如，他們建議你寫為什麼和自己最愛的指甲油顏色如此相似，可是這類型的修辭用途有限。

申請者必須讓內容真實無偽，只要有成人稍微插手，就會讓作文有虛假的味道。這就是為什麼跟孩子一起腦力激盪之後，我會退開，由他們自己來。我唯一做的事情就是在這裡和那裡微調一下，建議他們用不同方式組織想法。如果那篇作文是一件雕塑，那麼大理石是他們的，我所做的只是幫忙他們加以精簡。我知道一位學生在英語課上總是得C，卻能以一篇文章描述不同書本對他產生的非凡意義（雖然愛看書的人確實可能在課堂上表現不佳，但這並不是他的情況，他很少讀書自娛）。寫那篇文章時，學生的聲音一定要被聽見——他們的父母不再能夠全盤掌控。有個我共事的學生甚至寫到自己跟大腸激躁症的搏鬥，把自己比作日本武士。我認為這樣並不明智，但還算別出心裁，確實也抓住了入學委員的注意。最後他被中西部一所頂尖州立大學錄取了。

◆

我知道輔導ACT或SAT最好的方式就是讓孩子學會那些東西。當然有答題技巧，但我認為孩子既然為了測驗耗費那麼多時間讀書，倒不如好好精通他們不曾學會的數學。

有些公司為這樣的課外輔導索價時薪八百美元。這個費用表達出的是自命不凡，過程也是。這些公司往往只會聘用上過長春藤盟校和同等大學，並在SAT或ACT得滿分的人。這些家教有不少都想成為樂手、作家、演員，而他們發現自己可以透過這些測驗的家教賺得不少收入。他們收取高昂費用，必須為自己找正當理由贏得成果不可。

這些家教，有不少都很討人喜歡，但他們不是治療師。他們不見得明白自己正慢慢將自己的學生逼瘋。他們在學業上很有天分，但不見得熱愛教學，而且往往搞不懂那些學習方式跟他們不同的孩子。就我看來，他們的方法只是在要求孩子無止境的背誦，指定大量作業，每個週末安排完整長度的模擬測驗。簡直就像軍事訓練軍官。

莉莉的母親向我解釋，她的女兒要接受一家這類公司的輔導，它是家教世界的愛馬仕。他們提供的商品也許跟別人沒有不同，但將自己行銷得更好，價格肯定也更高。家長願意付這樣的費用給ＳＡＴ或ＡＣＴ輔導，一直讓我覺得不可思議，若說那筆錢對他們而言不算什麼，這個說法太過輕率。他們相信自己花錢將最好的買給孩子。這點是否有時為真，難以斷定，但這些高價公司的家教因為冷酷無情，往往可以收到成果。

就我看來（我確定他們會提出不同說法），他們的魔法大部分在於要學生做極多的模擬測驗，等到正式去考ＳＡＴ或ＡＣＴ時，學生幾乎等於進入自動駕駛的狀態。這些學生考前已經看過每種類型的題目，所以知道怎麼解題。當然，這些家教扮演的角色是協助學生看懂題目，將題目分成不同類別。我認識類似的家教，索費僅有這些高價家教的四分之一。

另一個問題是，高價的ＳＡＴ或ＡＣＴ家教是以空虛疏離的狀態看待他們的工作。他們不在乎孩子是否也正在跟非常艱難的高四功課搏鬥（不過，有些會同時提供課業的輔導）。孩子沒有足夠時間兼顧達到頂尖的學業要求、無止境的ＳＡＴ或ＡＣＴ家教、競賽型運動和其他課外活動。我認為這整件事在這裡變得適得其反。有些學生應付得來，但對很多學生來說，ＳＡＴ的回家作業實在太過頭。

莉莉就是這類孩子。她花很多時間做作業，馬不停蹄地上家教課，其餘時間則在壁球練習和比賽間來回奔波，週末還得出門參加壁球聯賽。她就像蘇斯博士（Dr. Seuss）

筆下那隻戴帽子的貓[59]，下樓的同時要端著一打不同的東西。除了平日的功課還要加上SAT作業，再多一件事她也承受不住，只能變得哭哭啼啼。

關於SAT或ACT的真相是，你可以表現得不錯，但還是弄錯很多題目。我跟一些狀況平衡的孩子共事，他們評估出來的成果顯示ACT的數學項目二十七分（滿分為三十六）就可以了，那表示六十個數學題目裡可以弄錯十五題。可是，如果你住第五大道，你的父母可能會希望你拿到逼近滿分，這對大部分人來說都是不可能的。

我讀哈佛，數學項目跟滿分還頗有距離。我的語言分數很高，因為沒有要求我如何表現的壓力。我記得一九八〇年代末期，秋天的某個星期二早晨——新英格蘭的完美秋天早晨——心想我真幸運，PSAT（以前會有「類比」這個項目）裡出現的字彙我完全都懂；我是那種讀珍．奧斯汀都覺得無聊的怪咖孩子，只要不認識的字都會去問母親。我沒有家教也沒特別準備，就在語言項目拿到滿分，我的指導諮詢員對我很滿意。我跟父母講起測驗成績時，他們沒有多大反應。他們早就知道我會有優異表現，但他們更掛心的是我能否保持健康。

我到麻州格羅頓的羅倫斯學院去考SAT時，是個完美的夏日早晨，我記得那個五

---

[59] 編注：此處典故出自《魔法靈貓》（*Cat in the Hat*），由蘇斯博士撰寫，於一九五七年出版。

月的星期六，大家只關心那天稍晚的派對在在何處舉行。駕車離開羅倫斯學院時，我很高興那個唯一一次的成長儀式結束了。那是我們當時唯一認真投入的事。在我的公立高中，重要的是在考完ＳＡＴ離開時要選擇一付適合的墨鏡，而不是得了多少分。

莉莉的生活導向不同。她早在高二那年就開始準備ＡＣＴ，等於是在正式考試前有兩年準備時間。她母親花了半年去周旋，只為了幫女兒在ＡＣＴ爭取額外的調整時間。問題是莉莉受焦慮之苦，而不是確診學習問題。學生如果有學習問題在案，可以在校內考ＡＣＴ或ＳＡＴ，所獲得的調整甚至不只是多出百分之五十的額外時間，還包括可以分幾天測驗、用電腦寫作文。ＡＣＴ尤其願意讓真正需要的孩子在測驗上有這些調整，意思是，只要學生有神經心理學家的檢驗證明顯示他們動作緩慢或有注意力跟其他問題，就能擁有額外的時間和其他調整。

倘若你認為這些運用調整的孩子是在利用這個系統，你就誤解了學習障礙的真正本質。這些人消化資訊的速度較慢，讓他們延長考試作答時間只是一種塑造公平競爭環境的方式。有些人（像是崔佛的父親）對這點懷抱質疑，他們認為「人生沒有額外的時間」，可是人生中的大部分情境是沒有時間限制的，不像ＳＡＴ或ＡＣＴ。加諸時間限制是一種人工的手段，真正的數學家或小說家的工作通常並沒有期限。測驗本身就有瑕疵，認為計時測驗可以反映真正的知識，這個概念也有瑕疵，所以做出調整對某些學生來說確實必要。

如果某個學生有清楚定義且登記在案的學習問題，常常就能得到這些調整。不過，像莉莉這樣因為焦慮而緊繃的腦袋，導致行動速度緩慢，卻無法做出確定的診斷。ACT對給予這樣的學生調整相當遲疑，莉莉頭一次申請額外時間以及分幾天考試的機會，就被拒絕了。莉莉的母親再次遞出申請，ACT也拒絕了。接下來是找曼哈頓一位神經心理學家進行一輪昂貴的重新檢測，為了讓學習問題登錄在案而進行徹底評估，最後花了八千美元。他在提出ADHD診斷的邊緣猶豫不決，最後判定有足夠證據可以這麼做。取得這個新診斷之後，麗莎第三次為莉莉申請調整，也順利取得。

麗莎的助理負責處理這些申請。她需要耗費幾個小時時間，確保校方拿到所有需要的文件。前後花了半年、無盡的紙張以及八千美元的評估費，才讓莉莉得到百分之五十的額外時間及分幾天完成測驗的待遇。

莉莉如釋重負，很容易就看出她能從這些調整受益。她很焦慮、動作緩慢，但有條不紊。可是她的狀況挑起了更大的公平問題。如果學生付得起這種昂貴的深度評估，就更可能得到調整，有如評估員知道如何撰寫報告去符合大學理事會和ACT的要求（雖然近年來，大學理事會通常會讓先前在校內有額外調整幾個月的學生在測驗時也做出同樣調整）。像麗莎這樣的父母，有無盡的資源可以確保孩子取得調整。麗莎在銀行有兩個助手，其中一人辛勤處理這個計畫，彷彿跟麗莎的大宗交易一樣重要。

大部分的家長無法如此抗爭。首先，很多家長仰賴學區對孩子的評估，而這些評估往往流於簡略和刻板。他們大部分不會深入觀察學生，也不會給學生太多關注。在這個國家的部分地區，像是紐約市，幾乎不可能拿到教育局的評估，因為已經累積不少有待處理的案件。即便能拿到，通常也只有智力測驗和某些學術檢測，項目不如私人評估員那樣完備，包括記憶力、語言、注意力、執行功能（如計畫、輪換任務、判斷事情輕重緩急、執行牽涉到組織的其他功能）、心理檢驗。因此，公共學校進行的評估可能會錯失不少私人評估員能查出的東西。

◆

麗莎有兩位助理的人力足以協助莉莉向ACT提出要求，而莉莉校方的大學諮詢和學習專家，一路上亦步亦趨幫助她。在許多公立學校裡，沒人可以向大學理事會或ACT提出如此要求，即使有，他們的工作量也繁重到無暇提出。相反的，莉莉學校的教職員藉由暑期呈遞文件，即使如此，依然忙亂不堪，要趕在截止日期前把所有必要文件交給ACT。莉莉學校的學習專家之一甚至把車停在紐約州北部的公路，利用當地餐館的網路服務確保莉莉的文件能及時遞交。

私校的家長常常可以得到這樣的服務。公立學校的窮困學生則不大可能接受此類評估，或者說，即使接受評估，也不會有職員替他們向大學理事會或ACT提交要求，更不會有那種如同莉莉學校的職員能數次提交要求的情形。單親家長、身兼雙職或數職的家長、沒有助理的家長，絕不可能投入這種抗爭。

莉莉的意圖不是要作弊，但她的母親確實希望讓測驗能對女兒愈有利愈好。她甚至去請教莉莉的精神科醫師，詢問莉莉一天當中哪些時段適合測驗哪些項目，然後請監考員（莉莉學校的僱員）配合安排。

她向我解釋：「監考員說沒辦法安排正午考試，其實按照醫師的說法，那對莉莉才是最好的。我說我們可以自己找監考員來，但顯然不可行。」

「你們自己的監考員？」我難以置信地問。

「對啊，我是說，如果監考員那個時間不行，我可以找別的監考員過來啊。可是，學校說這類型的測驗，監考員必須由校方僱請。」

我都要結巴了。「那樣是有道理的——我是說，總不能自己僱請監考員吧。」

「那是學校的說法，所以我打了電話給高中部主任，請他們替莉莉另行安排監考員。」

對於莉莉的母親想要自行解決、插手替女兒找監考員的想法，我認為試圖替莉莉安排測驗的那些大學諮詢辦公室人員，並不會很熱心解決。

「我知道今天是總統日假期的前一天，可是，我希望主任會回我的電話。」

我彷彿進入了光陸怪離的哈哈鏡廳，而這也成了莉莉的ＡＣＴ體驗。學校最後還是找到了幾個能在星期六正午十二點幫莉莉監考分項測驗的僱員，但，測驗的前一晚，莉莉看來狀況不大好。測驗前一週，她跟ＡＣＴ家教（我並非她的ＡＣＴ家教）會面了幾次，一次為時幾個鐘頭，雖然我不確定她事到臨頭抱佛腳能有什麼幫助。她回報說，英語分項測驗（文法）進行得滿順利的，但她去考數學時，就出了問題。

考試教室只有她和監考員，教室裡的時鐘滴答作響，弄得她心神不寧。她考完以後回家跟母親提到這點，開始對母親哭訴。也許是為了保護自己避免因為數學成績不佳而受責怪，她順口提到監考員有一次誤算了一分鐘。這點觸發了火爆的抗議。

麗莎寄出了倉促寫就、怒氣沖沖的電子信件給監考員、高中部主任、大學諮詢辦公室主任，要求向ＡＣＴ告知這些「公然的違規」（麗莎這麼稱呼）情況，她向學校陳情，希望校方知會ＡＣＴ，莉莉有資格重新測驗，而非等到下一回的正式測驗時間。後來大學諮詢辦公室主任好不容易勸退麗莎，才沒有去通知ＡＣＴ關於大聲滴答作響的時鐘或莉莉可能損失的那一分鐘。

週末考閱讀和科學項目之前那週，莉莉看起來相當憔悴，臉色蒼白，指甲啃到根部，堅持重看年少時代的哈利波特電影。她考試回家後，整個人失魂落魄。她的母親打電話和我說：「莉莉考閱讀項目的時候，恐慌發作。我不確定發生什麼事，不過，我現在陪著她，取消了去布宜諾斯艾利斯的行程。」她解釋道。諷刺的是，這位女性為了出差錯過了莉莉八年級的畢業典禮，卻為了莉莉ＡＣＴ的潰敗取消出差。莉莉的父親是個安靜的男人，在出版界工作，看來也在家陪著莉莉。「妳覺得，我們可以打電話給ＡＣＴ要求重考嗎？」麗莎想知道。我解釋說，莉莉可以等下次的考期。我掛掉電話，不敢相信莉莉這樣熱愛閱讀、對《失樂園》的欣賞可能多過其他非學術人士的學生，竟然會在ＡＣＴ的閱讀項目恐慌發作。我也怕閱讀在她心裡永遠留下汙點。

「我覺得整個教室朝我壓來，我沒辦法呼吸。我是說，我完全讀不進去，而字就在我眼前跳動。我填了幾個格子，隨機亂寫。我確定，我無法通過測驗了。」她後來對我解釋時，還伸出雙手圍住脖子，模擬當時的感受。她緊張地笑笑，接著又意識到，ＡＣＴ沒有無法通過這回事。

她拿到成績通知，沒想到還挺不錯的。大部分的項目成績都在二十五分以上，閱讀甚至也拿到了二十五分，而平均或整體成績足足有二十六分。

莉莉母親看著她的成績單，只是說：「下一次測驗的時候，我會請醫師提供乙型阻斷劑（beta-blocker）。」

◆

崔佛的父母實際得多。他們比莉莉家有錢，決定用來為自己謀求好處。崔佛也有莉莉那樣優質的SAT家教，但他不用做回家作業。雖然診斷出ADHD和閱讀障礙而能夠延長考試作答時間，但他通常會提早完成考試。他的測驗分數令人失望，雖然接受第二輪的家教，但第二次測驗的分數只稍微高了點。爵爺和他倨傲的苗條妻子拿到成績單時，毫無評論。他們在過程中的每個階段都相當沉著。

接著，我從崔佛的SAT家教那裡得知他錄取了長春藤盟校，跟他父親上的是同一所。家教告訴我：「爵爺直接到發展部辦公室，一直寫支票，發展部辦公室一直看著他們說：『再大筆一點，加更多0。』最後談到雙方都滿意的結果，崔佛就錄取了。」

起初我因為這點而氣憤。不過，後來我想到這整件事只會傷到一個人——崔佛。事實上，爵爺的支票可能會用來支付好幾個窮學生的獎學金。爵爺告訴崔佛，除非靠錢，否則他什麼也成就不了，這番話只是傷害了兒子。崔佛雖然在校的成績或測驗分數都不理想，但我知道他夢想著能做點跟父親不同的事。他曾經告訴我，他從父親身上學到了一切。在我還沒想到要怎麼反應以前，他解釋：「我就做相反的事。」雖然崔佛的父母期待他追隨家族道路，進入銀行界或地產業，但他有不同的計畫。他告訴我，他想早早結婚，這點滿有趣的。

在換了一連串女友之後，他在舒適且受支持的關係中安頓下來，對象是個上東城女子學校的學生，讓我聯想到凱特王妃，只是少了頭冠。他對她深情款款，我想他希望自己可以成為比爵爺更慈愛的父親和配偶。他說他也想到西部去，過幾年「只是健行，也許來點飛蠅釣（fly-fishing）」的日子。他牆上掛著外祖父捕到的大馬林魚，給了他如此的啟發。

如果崔佛真能被准許到西部去、擺脫種種期待一陣子就好了，可是承蒙他父親寫了充滿0的大筆支票，他現在得到長春藤盟校去就讀。崔佛的高中同學瞧不起他，即便他們大部分都把這種想法藏在心裡。我擔任家教的其他學生也會竊笑，重述爵爺捐款的故事，隨著每次重述，捐款數字跟著水漲船高，最後根本不可能知道真正給出的有多少。

不過，這些學生也更公開地批評大學錄取有色人種學生，他們透過像是「Prep for Prep」[60]這樣的學程進入學校。幾十年來，這些學程協助有色人種學生就讀私立的日間

---

⑥⓪ 編注：這個計畫旨在為有前途的學生提供接受私校教育的機會，主要針對的是在公立和教區學校中成績優異的紐約市少數民族學生。

和寄宿學校，他們提供了管道讓紐約市家境普通的學生有機會接受最上等的教育。這些學生根據測驗結果和教師推薦遴選進入學程，我在校教過（也擔任過家教志工）這些學程的學生，他們都異常聰慧，也能提出不同於大部分孩子的視角，因為他們父母的職業通常是護士、公校老師、紐約市公車司機。不少學生是非裔美國人或拉丁裔，或來自非洲、亞洲和中東，父母有些不見得會說英文。跟這些家長共事往往跟第五大道家長互動的方式非常不同，因為他們不見得覺得自己需要融入學校，態度謹慎，也不想惹事。

路克是我在私立學校共事的學生之一，他來自西非。他在學校廁所被逮到抽大麻——很多學生都這麼做。在這種時刻，擁有特權的家長會豎起法律途徑的天線（雖然家長對孩子的行為私下可能感到羞愧，但面對學校的態度往往好辯好鬥），但他父母的看法則非常不同。

路克的父母是迦納移民，抱持不同心態。他們先是向學校道歉，也要孩子道歉。沒有含蓄的威脅，只是恐懼著兒子會失去獎學金。如果擁有特權的學生惹上麻煩，會有安全網——治療、評估決定他是否有學習差異，也許有別所私校可就讀。靠獎學金就讀的孩子一旦惹上麻煩，情勢就危急得多。後來，路克繼續就讀，學校也出錢讓他接受濫用毒品治療。但是在畢業前，每次我看到他的母親，她總是咬緊牙關，彷彿預期兒子可能會失去她所夢想的人生。只有在畢業時，她的態度才終於放鬆了些。

即使是在觀點多元的紐約市，私立學校的有色人種學生人數仍舊很少，但他們往往能提供其他學生不具備的觀點。那些學生進大學時，白人學生似乎以為這是來自平權法案的某種假想保障，私校學生的家長們對這點所見相同，因為從頂尖私校進入長春藤盟校的競爭相當激烈。這些家長和學生知道盟校只會從每個學校錄取少數學生，卻不介意不少被選中的學生是傳承的結果（他們的父母當初也就讀同一所學校）。有人大手筆捐款給發展部辦公室，或是認識可以動用關係的參議員或學校校長的人脈。又或是其他招募來擔任競賽型運動的學生；可是這類的錄取手段卻不會招來錄取有色人種學生的批評，雖然他們的能力顯然足以勝任。

假想的平權法案是足以惹怒白人學生的議題。我從他們嘴裡聽到不少次回應。有一次，在長春藤入學審核那週，氣氛激昂，一群白人學生聚集在我的辦公室，其中一人說：「路克當然會進耶魯了。Prep for Prep的孩子一向進得去。」他們倒不如把Prep for Prep代換成自己私立學校的校名，因為這些學生錄取耶魯的機率很高，但他們當然會主動略過。

內化的偏見來自一些父母、媒體和社會整體，他們發展出這種想法：路克不符合進耶魯就讀的資格，不過他們的論理模糊不明，似乎只能歸結於許多白人學生比路克更有資格，即便是誰或原因都沒說。

提起這個話題時，他們總是忿忿不平，我提醒他們有好幾個學生只因為家長是校友而進入名校時，他們堅持一脈相承就是入學資格；這種論點存在已久，企圖詆毀那些拓寬進入菁英大學窄門的學程。而這些學生也無法超越這些觀點。

這些類型的學生對「米德伯理問題」非常有感。進不了頂尖學校的學生感覺遜人一籌，而那些標準不切實際又極端。有幾個想法自由的孩子前往華盛頓州瓦拉瓦拉（Walla Walla）的惠特曼學院（Whitman College），或是到印第安那大學伯明頓分校（Indiana University at Bloomington）就讀，兩所學校都非常好，但大部分的學生都想搶進少數幾所競爭激烈的學校。在某些高中，那就表示是長春藤、史丹佛，或是麻省理工學院和芝加哥大學。在其他高中，則表示頂尖的文理學院，像是威廉斯、安默斯特、斯沃斯莫爾（Swarthmore）之類學校。實際上，關於什麼學校好、什麼學校不好，在每所私立學校都有約定俗成的看法。

學生最後就讀的學校，不只是在校成績和測驗分數的總和。對很多家長來說，那似乎是對他們親職的裁決。家長希望孩子進好學校，這很自然，但這種狀況已超過協助孩子獲得良好教育的界線，家長想控制這個不完全由他們掌控的過程。

這些家長失去這個過程的所有權時，會覺得難以置信。大學的入學過程就是這類時刻之一。面對來自Naviance系統的確鑿數據，如果有人告訴家長，他們的孩子不能被自己偏好的學校錄取，他們會覺得無法接受。在這些家長的成人世界裡，別人大半時候都跟他們說好。有人跟他們說不的時候，他們的行為就會變得十分原始。他們會對大學諮詢員發動個人攻擊、惡意攻擊他們認為更有機會入學的同班孩子，甚至企圖向學校高層中傷那些高成就的孩子。有時候當學生並未得到家長認為其能力所及的分數，我就會成為家長洩憤的對象。在這樣的時刻裡，我會瞥見在超高成就表象人格底下的怒意。

沒有上帝的時代，錄取大學對信徒而言如同成為聖人。這些圈子裡的信仰就是成就，能夠進入名校等於受到上天的垂愛。

進入某所特定學校為何這麼重要，原因並不全然清晰，因為進入耶魯達到的結果，其實等於進入米德伯理。但是有些人相信，進入耶魯那樣的學校能保障學生未來踏上財富之路，也許還能獲得幸福，而這點完全與理性相悖。在這個信仰裡，名字和品牌就像神聖的話語。這些家長對自己一路砸下的重金要求必須合理化：包括私立學校的學費、運動訓練、巡遊賽隊、家教、測驗準備以及其他花費。

我看過家長對這點表達怒氣。有個母親因為兒子在數學課得到B+，怒不可遏地打電話給學校。她告訴高中部主任：「我們犧牲了好多年，送兒子到你們學校，不是為了得到B這種成績！而是為了進長春藤盟校。」這種反應根本不合理，直到你明白不少家長為了送孩子到花費超過五萬美元的學校就讀，也做出了犧牲。

有些父母可以眼也不眨的掏出學費，但對其他人而言卻是莫大的壓力；他們之所以這麼做，是因為想增加孩子錄取名校的機會。我還是不清楚，一個B是否會毀掉孩子進入頂尖學校的機會。整體來說，就大學入學而言，私校學生確實占有不少優勢，但是有些聰明的孩子還是可以在公立高中脫穎而出。除此之外，從公立學校要進這類型的大學，競爭可能反倒比較少。孩子到私立學校就讀以期錄取知名大學——不見得是個安全的盤算。反之，他們可能會獲得教師更多的關注、每年讀更多書籍、撰寫更多報告、接觸更多文化活動，可能更有旅行的機會。他們會說（至少懂得）菁英的語言，他們能夠使用這種語言。這就是私校教育對大部分孩子產生的效用，無論能否錄取長春藤盟校，都完全值得。

可是當家長和學生逼近終點線的時候，看到畢業在即，很多人完全失去理智。艾力克斯的父母提議他跟我合作，找個主題（不清楚是什麼）合寫一本書。他冰雪聰明，總有一天可以自己寫書，可是網球聯賽即將登場，他現在沒空獨力進行。他解釋：「我的名字會放在書上，不過我們會支付妳代筆的費用。」

想到兒子即將到來的夏令營費用，我有點心動，可是，接著我對這個可能性感到羞恥反胃。我告訴他，「我可以幫助你寫作，但你還是得自己寫。」結果這本書沒寫成。

實際上，艾力克斯不需要任何種類的協助。就某種奇特方面而言，他堪稱天才。他總是昏昏沉沉，沒有朋友，還對呼麻上了癮。諷刺的是，介紹大麻給他的不是別的學生，而是他的網球教練——父母卻誤以為那些時間他都在認真磨練球技，根本不是。他很快就上了癮，偷父母的小額現鈔來支付。他父母常常在書桌裡塞個幾千美元，所以錢很容易到手。儘管如此，透過「早期決定」（early decision）[61]提出申請，他還是進了長春藤聯盟。除了網球的助力之外，他逼近滿分的ACT和在校成績全A也相當有用。他就是讀長春藤盟校的料，一切輕而易舉。他完全不靠金錢交易就進得去，不過即便未來需要捐款給學校，他的父母也辦得到。

艾力克斯贏得了這場競賽，如果可以這樣想的話，即便也不真的清楚戰利品是什麼。他會進入一所長春藤學校就讀，然後呢？他如何在早上起床去工作？他要怎麼跟同事聊天？甚至要怎麼找到伴侶？這些都是我沒辦法替他想明白的問題，而他的大學也沒辦法給他答案。我甚至不確定他要如何抵達自己的宿舍房間，因為他到哪裡都由父母的

[61] 譯注：亦可稱為「提前申請」，是指學校錄取後一定要就讀。另有提早申請的方法叫「早期行動」（early action），不同於前者，透過早期行動得到錄取後，仍可以選擇是否就讀。

司機接送。

艾力克斯和蘇菲好不容易達到了目標，但是只要有一個像他們那樣的孩子，就有好幾個在父母和自己眼中似乎不符期望的孩子。對於家族在哈佛和耶魯這類學校有長期傳承的孩子而言，打擊尤其大。

奈特就是那樣的孩子，他的父親、祖父、曾祖父都讀普林斯頓。大家期待他會延續傳統，若是三十年前，也許他可以。他腦袋不錯，不是$A^+$那麼優秀，但至少也都有$A^-$。他不擅長數學，那樣的壓力明顯影響了他。為了進入普林斯頓，甚至是透過傳承關係，他在校的成績也都需要全A才行，而且在全國泳技排行必須名列前茅。

奈特原本都還滿順利的，直到高四那年碰上一位不大會跟學生溝通的數學老師。這位男士在新英格蘭最知名的幾所住宿學校教過書，數學對他而言如同十分流利的語言，所以面對學生無法按他的方式理解數學的情況，他也如墜五里霧中。奈特最後考砸了幾次，臉色變得緊繃蒼白。他認為老師不喜歡他，因為他每週日都上教會，十分虔誠，而老師是無神論者。

「這個地方的老師不懂上帝。」奈特喜歡這麼說。他透過「早期行動」提前申請普林斯頓，表示他在第一回合就提出申請，這時遞交申請的通常是家境富裕的學生，人數更少。需要助學金的申請者通常不會在「早期行動」期間申請（「早期行動」沒有強制性，但「早期決定」有，得到錄取的學生一定要前去就讀），因為他們想要比較不同學校的助學金政策。

富有的申請人在「早期決定」或「早期行動」期間申請是有優勢的，像奈特那樣的孩子就是試圖利用這樣的優勢。不過，普林斯頓將他列進候補名單，加入一般申請人行列，然後在那個回合拒絕了他。哈佛、耶魯、普林斯頓那類的大學常會給予奈特那樣的學生「禮遇候補名單」，表示不會斷然排除他，但會放在候補名單後面的位置，讓他沒有機會入選。總之，普林斯頓終究拒絕了他，中斷了他家族多代的傳承。他備受打擊，而他的父母為此非常生氣。

他反覆回想這些時刻：數學得$C^+$的成績、動作不夠快的游泳比賽、太過軟弱的種種時候、普林斯頓發現他不夠格。他的所有成就、曾經得A的歷史報告、曾經勝出的游泳比賽、考慮成為隨軍牧師，這些全被拋諸腦後。他滿腦子都是錯過的機會和原本可以完全省下的游泳秒數。他後來就讀約翰·霍普金斯大學，他和父母都認為是次等的一所學校。他研讀神學，開始有了酗酒問題。他持續尋找上帝，但並未真正找到。我最後一次聽到他的消息是，他決定休學一陣子，正在戒酒。

瓦倫提早在第一輪申請，起初列入了哈佛的候補名單，表示他的資料會被丟進一般申請者那疊。當然，不會被真的丟進去，他的傳承身分表示他會受到更多關愛。他高四餘下的時光持續優遊在閱讀中。他並未堅持要進哈佛，他的父母也沒有。他申請了好幾間好學校，我可以感覺到他無論去哪裡都會很快樂。他家廚房餐桌上繼續有攤開的《紐約客》雜誌，他持續津津有味讀著老師指定的素材。他的父母對我提出的主要問題總是：「瓦倫的寫作進步了嗎？他有沒有花時間修訂自己的東西？」他們將精神集中在他的技能上。五月時，他周到地寫了封電子信件給我，通知我，他錄取了哈佛，並感謝我的協助。

◆

然後是莉莉，我的維吉爾，我在冥界的導遊。她很清楚地獄的實況，在全女子學校裡親身體驗地獄般的生活。她知道這樣的地獄：無情的霸凌；必須服用乙型阻斷劑考ACT，但表現還是不如預期。她仍然必須在黎明起床去打壁球，儘管接受教練指導，壁球排名仍持續下滑。我自己去查了網路（因為我不想直接詢問她，那只是徒增她的壓力），結果看著她一路下滑到全國排名百名之外。

在大學錄取通知寄達的那晚，我正在她身邊，陪她趕著高中作業其中一份報告。大學以電子信件寄發消息那天（所謂的長春藤日），她正在寫《安娜・卡列妮娜》。長春藤會寄網頁連結給學生，讓他們查看自己的錄取狀態。連續幾個小時，莉莉一直想點進那個連結，可是不停當掉，因為太多人同時上線了，大家都想擠進去看。我納悶她是否還有心回到安娜・卡列妮娜。她無言地前往臉書，同學都在張貼自己錄取的消息。誰進了哪裡已經傳遍了臉書。她終於連進部分網站，發現自己得到一連串拒絕。

試圖把莉莉帶回小說的世界已經沒有意義了。她感覺不到安娜・卡列妮娜的痛苦——遭情人摒棄，沒了孩子，被社會抛開。就像任何青少年，她的心神聚焦於自己內在的騷亂，讀到安娜之死時，她沒有一絲情緒。雖然她可以和《失樂園》的眾惡魔輕易取得共鳴，現在卻困在自己的心靈深處，處於文學碰觸不到的地方。她在想自己要怎麼撐過接下來的日子，到時同學們肯定會到處炫耀他們的錄取通知和大學運動衫。

麗莎從國中到高中一路捍衛自己的女兒，現在一樣挺身為女兒說話，將拒絕她的大學當成曾經折磨女兒的那些壞心女生。麗莎告訴莉莉，「那些長春藤不知道自己錯過了什麼，入學審核人員看見那些光鮮的男生女生一時都昏了頭，我的女兒才是真材實料，他們只是看不出來。」她相信莉莉的才華，她比其他人更有良心，更願意堅持自己的價值觀。這個評估倒是正確，莉莉的老師對於她的學生身分及人格特質倒是寫了讚許有加的推薦函，這些特質也反映在申請過程裡。

不過，莉莉即便就讀那些競爭激烈、毫無人情味的大型大學也不見得會快樂。她需要的校園是可以和教授鞏固穩定關係，在課外跟他們會面，可以到寫作中心得到修訂報告的協助。在莉莉的案例裡，後來大學入學的審核單位，將她放進一個她可以過得快樂並蒸蒸日上的大學。

麗莎傳達給莉莉的訊息可能不盡完美，但發揮的作用是讓她和莉莉更團結。母女齊力一心，興高采烈。莉莉後來被一間優良的小型學校錄取，該校流傳在外的名聲就是提供進不了長春藤的孩子可以就讀的地方。莉莉週末參觀學校回來，歡天喜地，她說：「我認識了康乃狄克州來的女生，我一看到她的名字首字母項鍊就知道，我們會變成死黨！」在她進入大學以前，她已經將昂貴的壁球球拍丟進大樓的焚化爐，打算以後把空閒時間都花在縫紉上。

# 9 公民權

九月初的某一天，天氣美好，十個紐約市私立學校高三生以及他們的老師——我，一同越過布魯克林幾個街區，前往一個社區機構。他們穿著緊身牛仔褲、短褲、背心上衣，手裡拿著星巴克的杯子，在漫長的暑假過後，他們還不習慣為了上學早起。

他們在機構主廳擁擠的桌邊坐定，機構主任（一個抹了很多髮膠的年輕人）告訴他們，他們即將協助來自世界各地的移民通過公民測驗。主任很快地遞出一包印有題目和答案的卡片。孩子們開始互考對方。

「眾議院有多少成員？」曼蒂問，她是一個穿著暴露背心上衣的金髮女生。

「兩百個嗎？」山姆試答，他是一個模樣比實際年紀稚嫩的男生。

「四百三十五個！」卡文說，他是一個非裔美國男生。他向第一個抵達的人打招呼，是個來自瓜地馬拉的女子。

隨著早晨過去，每個學生發展出各自的教學風格。有些安靜尊重，有些成了熱情奔放的啦啦隊隊長。令我意外的是，他們試圖勸導想放棄的蕾秋，告訴她：「妳做得很好！繼續加油！」蕾秋聲稱自己不懂任何西班牙語，想要放棄那門課，即便她曾在墨西哥旅行，學習了語言很多年，也能對來自宏都拉斯的情侶用美麗的腔調說西班牙語。

山姆在班上的成績墊底，從來不做功課，卻是整場秀的明星。有一群人圍著他，他試圖幫他們找出方法記住資訊，並且解釋impeach（彈劾）這類用語。

「葛羅斯伯格博士，我想，我可以當老師。」他眉開眼笑告訴我，那是頭一次、也是唯一一次，我看到他對事物表達出興奮的模樣。

我對這群孩子與有榮焉，拍了數不清的照片（經由學校批准），然後寄給協辦這場活動的訓導主任。那天的快樂時光讓我順利撐過後續幾週——我得替學生申請SAT和ACT的測驗調整，過程錯綜複雜，文書工作繁重，個人能獲得的滿足感極低。

學生在社區組織與移民合作的那個早上，是他們短暫的閃耀時刻。那天過後，他們又回歸辛苦的學校生活。山姆從未完成作業。蕾秋持續懷疑自己講西班牙語的能力。他們照例一臉疲憊，課程結束後只想玩電子益智遊戲。

這些學生到移民中心和移民合作，在情感上的收穫多過移民從與學生合作過程中所獲得的知識。私立學校看得出公共服務的價值，才會規定服務是畢業前的必要條件，但學生往往等到最後一刻才完成服務時數，而且他們常常選擇投入為募款健走的活動，這類服務雖然值得，但跟有困難的人共事才能獲得不同的觀點。

許多私立學校向大眾關起大門。他們試圖帶動社會改變的方式是提供獎學金給類似卡門的女生，卡門透過教育入門學程進入私立學校，接著要面對的是日益加重的學業。可是，來自皇后區的卡門在學校常常覺得難以融入其中，彷彿自己不屬於那裡。她修的那些課程裡，頂多只有一到兩位有色人種學生，而她的種種顧慮（文化、經濟、心理）常常又不是同學關心的事情。典型的返校開學對話只會讓她覺得吃力，例如：

**卡門：**欸，你暑假的亮點是什麼？

**典型學生：**夏天的大部分時間，都在我們家的海邊房子度過，滿棒的。

你也能在一年當中的不同時段用**鄉間別墅**或**滑雪木屋**來替換，如此一來你大概能體會卡門被排除在外的感覺。

有色人種學生和來自不同社經群體的學生，向我和他人都表示過，他們覺得自己的父母不受校方歡迎。有時是因為他們的父母不會說英文，而且他們的父母要工作，有些還身兼數職，沒辦法在白天請假參加親師座談。我教過一個學生，他的父親來自多明尼加共和國，在做移除石棉的工作，只要白天離開工作崗位就會被扣薪。他永遠無法參加親師座談，只能在罕有的休假日透過電話聯繫。私立學校確實會接受來自其他背景的少數學生，但實質上卻未對他們完全開放。

紐約市的私立學校能夠對社區開放大門，讓校方和學生的生活變得更豐富嗎？若是讓學生前往城市的其他區域，一個自成一格且他們並不那麼熟悉的地方，確實滿值得一試。我曾經率領一群私立學校生到東一二〇街附近的公立學校，許多人從來沒搭過地鐵，也很少來到如曼哈頓北邊那麼遠的地方。他們在萊辛頓和一二五街下車時完全暈頭轉向，不知怎麼前往一二八街和第三大道，直到我提醒他們城市北邊的棋盤式街道跟上東城類似才明白。他們從不知道自己城市的基本事實——萊辛頓、第三大道和其他大道往北延伸，超越了他們居住的鄰里。孩子需要踏出私立學校的範圍，在城裡走動，但城市也需要進入學校。

◆

有不同方式可以促成這件事。紐約市私立學校可以開放，開課給不同背景的孩子就讀；或者讓無法就讀私立學校的孩子們也能進來接受老師或大學諮詢員的協助。例如，頂尖私立學校的大學諮詢員可以提供公校學生工作坊或諮詢時段。公立學校有多達幾百名學生，通常只會配置一名指導諮詢員。確實，老師和大學諮詢員原本時間已經不夠用，但學校可以提供必要的資源，讓他們在時程裡撥出空檔從事這類志願工作，就像律師事務所那樣。私立學校的學生，也可以輔導別校孩子的課業。

構成紐約大部分人口的就是這些類型的孩子，這種交換也許可以讓位居社經階梯兩端的孩子都得到好處。中產階級已經被擠出去，留下來的人不是非常富有就是非常貧窮，這些族群孩子之間的共同點比乍看之下多，他們往往因為焦慮、憂鬱、毒品濫用、犯罪行為、缺席的家長而苦苦掙扎。當然，有錢人有資源在孩子闖禍時提供保護，不像窮人那樣。兩個族群都需要有成人陪伴，那些成人要能夠珍視孩子的本質，花時間認識他們各別的願望與需求。

非常貧窮和非常富有的孩子，我都共事過，對我來說，孩子的需求有種類似的性質。當我還是少女時，曾在麻州菲奇堡附近擔任YMCA日間營隊受訓輔導員；菲奇堡是個漸走下坡的工業小鎮。我每天搭公車到營隊時，都會遇見一個叫克萊倫斯的七歲男孩，他會上公車走到我身旁的座位坐下，然後用手臂攬住我的手臂，直到抵達營地才放手。因為他頑強的抓握和細長骨瘦的四肢，我跟其他輔導員都叫他蜘蛛。他從來不說話，顯然需要從我們身上得到安慰。

我在紐約市私立學校工作時，孩子隨時會走進我的辦公室，常常只是坐著東拉西扯，這時我就會想到那個小男孩。他們不說任何重要的事情，但喜歡坐在大人身邊——一個願意傾聽他們的大人。我不是刻意忽略窮人承受的更多壓力和不公，可是我注意到非常富有和非常貧窮孩子之間的相似之處。當然，也有備受疼愛的富家孩子以及受到冷落的中產孩子，可是富裕孩子就讀的高成就學校，這種學校系統的設計往往忽略的是：孩子也是有情感的人，校方卻以成就至上，完全不管他們本身的興趣嗜好或目標，甚至不管他們是否做得到。

要拆解這些在富裕孩子周圍建造、運動加學業的產業複合體，得花一些時間，因這個系統已受到數十年來陳腔濫調和錯誤觀念的強化。孩子才剛離開學步時期不久，家長就吹噓孩子對足球多麼拿手，說他們要靠運動競賽拿到大學獎學金（根本不可能）。當大部分的孩子在年幼時期就開始加入巡遊賽隊，家長很難獨排眾議、逆勢而行，試圖奪回家人共度的夜晚和遊戲時間。那種要孩子出類拔萃的興奮浪潮，家長很難不投身其中；而不參加巡遊賽隊的孩子想要增進運動技藝，並沒有多少選擇。說到底，如果其他孩子在運動上都這麼爭強好勝，不經過大量練習，自己的孩子如何擠進校隊？

如果孩子沒先為幼兒園做準備，如果沒先到Kumon[62]弄懂數學，要如何跟其他孩子競爭？從運動賽事到Kumon，長大之後再補SAT／ACT／數學／化學／英文；要是不在這些活動中來回接送孩子，家長會覺得自己怠忽職守。而隨著每年過去，這場競賽變得愈來愈瘋狂，失去更多青春時光、弄丟更多報告、也失去更多找出孩子真正興趣的機會。

在我工作的那些紐約市地區，孩子常常被吹捧為**奧運的料**。如果這些評估是正確的，全國的奧運運動員會來自曼哈頓、布魯克林、紐澤西的街頭。但，歷史為鑑，這點不可能為真。

時髦的私校老師講起了不起的帆船手、游泳選手或滑雪選手，常常會說「二〇二〇東京奧運，寶貝」，彷彿他們談到的學生即將把奧運入場券送到自己最愛老師的手上（這點很可疑）。這些孩子一放學就衝出學校奔向泳池，或是常常缺課以便參加帆船比賽。他們的憂慮流露在臉上。一天又一天過去，他們把時間都花在泳池裡、在水上、在斜坡上。他們肯定熱愛自己的運動，可是投入於追求完美的時間開始磨垮他們。到了一個時間點，通常是九年級或十年級，這一切都變得難以承受。他們無法同時應付化學課、期末考和聯賽。可是他們的父母仍持續在清晨和週末載他們去練習，孩子繼續在飛機上做功課。

應該要明令禁止**奧運的料**這個詞，或者也該無比謹慎。很少有運動員能夠到達那個等級，更不要說職業等級。競賽運動能協助孩子進入大學，但並非對所有的孩子都有益處。你想要把孩子送進所謂的夢想大學，也許有更好的方式。如果你可以寫張支票支持

62 譯注：一九五八年創辦於日本的民營教育機構，注重公文式教育及自學自習的學習系統，於一九七四年在紐約開立首間海外教室。

大學投入理想的治學目標，那可能是不再折磨孩子最好的方法。你必須想想哪種孩子會更快樂：靠自己的長處入學，或是靠父母鋪路而入學。

還有別的方式可以在入學審核時得到偏愛，很多人都忘記了。例如演奏巴松管和黑管這類雙簧樂器，或巴里東號和法國號這類銅管樂器，或是中提琴那類的弦樂器。大學申請人會這些樂器的並不多，而且跟運動競賽不同，孩子不會因此受傷，更不用熬夜。如果他們喜歡運動，有些運動也能提升進入大學的機率。女子冰上曲棍球的機率最高，可以讓高中運動員到大學繼續打球。男生的曲棍球和袋棍球機率也相當高，雖然比起女子曲棍球略低些。也許最簡單的就是讓孩子選一門特殊的主修，像是近東研究或人文學科裡某些課程，這些系所招生不易。

紐約的家長們想要讓孩子進入更好的大學，最簡單的方式就是離開紐約市，因為那裡有太多人要申請名校。或者，如果想留在紐約，就去上公立學校，那裡申請名校的人較少。

◆

家長想送孩子進大學時，往往忽略了一個變數。密西根大學的丹尼爾・艾森伯格

（Daniel Eisenberg）和其他人發現，生理健康和在大學獲得成功息息相關。例如，憂鬱的學生更可能輟學、GPA可能更低——尤其當他們患有焦慮症的時候。心理健康會影響孩子應付學校的能力，對找工作和收入也有長期影響。運動確實可能有助心理健康，但不一定要參加激烈的巡遊賽隊才能擁有。有些富裕的家庭能夠替孩子找到適當的心理健康協助，因為他們有財力和意願這麼做。對其他人來說，得到心理健康的協助似乎很陌生，或有汙名效果，更或者，比起運動並沒那麼重要。

對許多家長來說，心理健康和人生成功間的連結，起初不容易領會，但心理健康問題卻能阻止最聰明的青年發揮自己的潛力。對年輕人而言，花在治療師沙發上的時間，可能比花在攻讀SAT或網球場上的時間更為關鍵。

孩子在二十歲初期時，心理健康問題往往會惡化，我跟不少大學生共事過，他們都休學了一段時間，因為實際生活和心理健康都出了狀況。

傑米就讀知名的文理學院，大二開始崩解，抽起了阿得拉（Adderall），而這正是他因為ADHD服用的刺激藥物。他的意圖就是想一口氣連續熬夜好幾晚，才能趕完期中考的作業。他白天的大部分時間都花在田徑隊上，睡得不好，所以需要額外精力才能撐過深夜。部分問題在於，儘管上過知名的私立高中，他卻不知道怎麼寫分析性的報告。他的想法在空中傾瀉打轉，最後化為無物。他談了很多想法及其擴散圍繞的種種，但報告還是寫不出來。從來沒有人教他怎麼把想法寫下來，修改並加以組織——也就是寫作的幾個日常步驟。

我們花了幾週時間，一步步琢磨他在紐約大學修的那門課的研究報告。他依然需要幫忙雕琢每個段落，我問他，沒學會寫作怎麼可能在學校熬過那麼多年。他說：「我一直都有家教啊，而且學校准許我遲交報告，有點像是『三好球，還是不會出局』那樣。」他覺得這個政策只是幫倒忙。「他們當初應該對我更嚴格的。」事後回想，他這麼說。我將線索拼湊起來才意識到，多年來，一定都是家教幫他撰寫報告（或者說大幅度編寫），而沒有教他怎麼自己動筆。他回到大學，找了家教（不是我）完成他的課業。他的治療師在他雙親的批准下才告訴我，其實他持續在憂鬱中掙扎，想談感情卻似乎也無能為力。

除此之外，我也擔任過一些患有憂鬱症和躁鬱症的大學生們的家教。研究員狄米崔（Demitri）和珍妮絲・帕波羅（Janice Papolos）相信壓力會讓大腦對憂鬱或瘋狂很敏感。這些壓力源叫做火種（kindling），就像幫助原木生火的小柴棒，會點燃大腦使其對情緒干擾（mood disruptions）敏感，然後這些情緒干擾會自燃。酒精和某些藥物有時也可以是火種的來源，有這類型火種經驗的人後來就能在沒火種的狀況下獨自體驗。不過，這些大腦之火有時可以透過治療而澆熄，青少年和青年時期只是代表一段時期，人們可以經過這段時期調整踏上更好的心理健康道路，或是持續累積自己的火種堆。

今日富裕的孩子們所受的教養方式，並未提供他們時間去接受需要的心理健康治療。我跟很多家長聊過，他們告訴我：「孩子願意去看治療師，問題就是沒時間。」雖然說來容易做來難，但無論是基於道德或現實考量，我的立場都是必須撥出時間去做。以道德考量而言，痛苦的孩子需要協助和方法，而現實考量則是，無論孩子是否聰明，沒有健康的心理都是枉然。我知道要找時間取得自己需要的治療是困難的，但青年歲月是個緊要關頭，孩子出現心理健康的症狀時，必須將取得心理健康的協助放在首位，直到重新站穩腳步為止。

家長往往認為大學可以給予孩子在高中得到的同類支援，卻沒意識到高中的結構早已不在。這種狀況並不罕見：孩子都讀到高四，家長早上依然要叫孩子起床、逼他們吃早餐，提醒他們準備大學申請。但這類情況在上大學時就消失了，因為學生需要獨力運作，才能擁有更好的規劃技能。當孩子都在自家屋簷底下，父母有時候很難明白孩子需要多少協助，甚至包括他們能否自己起床去上課。

我所見過大學生們最關鍵的技能，包括向教授求救、跟寫作中心預約時間、早上能夠起床上課、能夠清洗自己的衣物。讓我直呼不可思議的是，那些要去上大學的孩子，上過幾千小時的家教和運動課程，卻不知道怎麼自己清洗衣物、做簡單的蛋或麵食來吃、寄一封實體信、計算小費或支付帳單。要教會這些技巧不像其他技能那樣花時間，可是從各方面而言，都更加重要。也許富人們認為孩子會有幫手做這些事，可是為了讓孩子覺得自己有能力和有功能，這些差事都是必要的。我記得有個非常富有的母親難為情地告訴我，「我兒子到了大學就會學習如何清洗衣物。」可是我不確定到時誰會教他。只要有可能，我都會確定我共事的孩子們在離家上大學前，學會一些生活技能。

我跟很多學生共事過，他們在課堂上不見得反應都很快或很靈活，但因為懂得求助，以學校內年輕的專業人士而言，表現可圈可點。還記得卡里爾嗎？就是那個戴勞力士的男生，他在知名大學表現極佳，正因為他有額外的調整時間，在每個學期初始都必須跟教授商量自己測驗和期末考的事。他主動接近教授，認識他們，開口求助時便覺得自在。他在高中是排名後段的學生，但在大學表現不俗，因為他個性討喜、從容自在，知道自己何時該伸手求助。這些能力讓他比有學術天賦的孩子更具優勢。

富裕在孩子身上造成的問題，遠遠延伸到曼哈頓上東城以外的地方。蘇妮雅．路瑟（Suniya Luthar）研究了全美國的高成就學校。她相信對孩子而言，比起社經地位，未來要就讀哪所學校的壓力更大。她也表示「即使是住在披薩店樓上的孩子」，如果上的是高壓力學校，也會面臨同樣的壓力影響。

多年來，貧窮、歧視、創傷都是青春期心理健康的危險因子。二〇一八年，另一個因子首度加入了孩子情緒福祉的主要風險因子清單：高成就學校。羅伯特．伍德．強森基金會（The Robert Wood Johnson Foundation）加了**必須成功的壓力**作為孩子的主要風險因子之一。高壓力學校養成的孩子，有心理疾病和藥物濫用的風險，即使並非來自高收入家庭也一樣。這些比例可能高過低收入社區。這表示位居前百分之一家庭的孩子們，即使在看來良性與充滿支援的環境裡，依然面臨同樣風險。危險因子並不表示這些類型的高壓力環境（也可能包括像史岱文森那樣的公立學校）會引起心理疾病（一些孩子在這裡依然有機會發揮潛力），而是指：我們必須往後退一步，想想孩子在這些學校接觸到的壓力，以及這些壓力是否健康必要。

真正愛孩子和重視他們心理健康的家長，怎麼會把他們推進這類的情勢裡？路瑟相信，因為每星期打五場運動賽事已經成了富裕社群的常態，家長不得不在孩子的生活裡做出過量安排。「這個社群期待你這麼做。」她提起替孩子安排過量活動的這些家長們，如果不出席孩子全部的賽事，還會「被當成異類」。

除了處理影響孩子們的這些匱乏、歧視和創傷，我們也可以開始減輕孩子身上的壓力。路瑟進入高成就學校進行調查，發現孩子們最大的苦惱是覺得家長重視成就勝過個人道德。換句話說，孩子希望能得到家長的支持，即使他們並未達到目標。路瑟說：「家長需要扮演緩衝角色，提供孩子某種平衡感，還有，別再把曲棍球賽想成奧運。」

老師、教練、行政高層也可以發揮功能，強調道德和正直的重要更勝於成就。

招募孩子的運動產業複合體已經發展為高達一百五十億美元的產業。這個產業從二〇一〇年以來，成長了百分之五十五，有如野草般竄長，職業運動大咖們都開始參與投資少年運動。對投資人來說，這或許是好消息，但對孩子而言並非如此，他們在勞累的練習過後回到家已是夜裡十一點半；對父母而言也非如此，畢竟每年要砸下幾萬美元在巡遊賽隊。有些孩子的球技甚至沒好到能夠進入校隊，但父母會付錢讓他們去參加聯賽，導致他們無法到校上課。同時，像小聯盟那樣低調、免費或低成本的運動機會卻逐漸式微。

我們必須為了孩子凍結這些種類的競賽運動。這已經演變成武備競賽，理性全被拋開，由新常態的瘋狂和妄想所取代。許多家長砸下重金企圖讓孩子取得大學獎學金，不如乾脆把這筆錢存在銀行比較好。有些家長甚至有應用程式協助他們管理好幾個孩子的週末賽事。這些家長難道都不想念家庭時光嗎？難道不能至少喘息一個下午，吃點玉米片沾莎莎醬嗎？這一代的孩子正因為這樣的失衡而付出代價。

家長們常忖度，要是沒有組織化的運動，孩子是不是會動也不動，只顧著打電玩？這或許是真該顧慮的事。但社區也正逐步將當地的聯盟帶回來，讓孩子可以在較為合理的時程裡投入競賽型運動，讓他們有時間可以和朋友相處、跟家人以及社區相處，有時間完成學校作業。

期許減輕富有的社群裡的壓力——這種想法會太過理想化嗎？路瑟透過她的非營利組織「真實連結」參與了康乃狄克州威爾頓的富裕社區諮詢活動。在威爾頓的調查結果發現，約有百分之三十的高中生有內化症狀（internalizing symptoms），像是焦慮、悲傷、憂鬱、胃痛之類的身體不適；全國比率是百分之七左右。威爾頓決定採取行動。學生開始自發性的向他人宣導心理健康，安排年幼的孩子接受發展韌性的訓練，有些家長決定改變孩子的行程，少排一些活動。令人開心的結果是，孩子更少跟父母起口角了。

現行的美國夢（就是蓋茲比眺望黛西．布坎南的碼頭時，自己如此渴望的）有很大的漏洞。金錢可以讓生活閃閃發光、神奇新穎，最後卻在孩子身上創造了寂寞和無愛。

也許新美國夢可以加入「知足」這個元素。我們是個焦躁不安的國家，成功取決於繼續往前、時時移動的渴望。我們有能力改變——這點是很有魅力的，但我忍不住納悶，如果蓋茲比滿足於自己炫目的西蛋豪宅，事情會如何發展。不再一直越過水面，望向黛西的碼頭，而是能在自己家裡，找到快樂。「知足」並不存在於他的本性裡。那麼，是否存在於我們的本性之中呢？還是，我們可以為了孩子而這麼做呢？

# 10 再會，親愛的

「克里特島的食物好美味，妳過來玩的時候，蘇菲會帶妳參觀！」蘇菲的外祖母第五次和我這麼說。在蘇菲的畢業典禮上，我坐在她的外祖母身旁，我試圖盯著蘇菲，她在學校旁邊的小禮拜堂被喚上前去受領證書。亞亞（孫女這樣叫她）一講起希臘，話匣子根本關不起來。我們等待畢業生進場時，她跟我說起自己二戰之後在那裡成長的事，當時整個國家嚴重受創。「我和丈夫到紐約州北部開了家餐館，蘇菲的媽媽成長期間都在端盤子！」

蘇菲的亞亞是個嬌小的婦女，打扮講究，穿著海軍藍套裝搭絲質襯衫，戴了鑲嵌鑽石和藍寶的惡魔之眼項鍊；她的丈夫更是矮小，將短袖白襯衫塞進繫上皮帶的長褲。他一次次讀著活動程序表，肘推妻子，要她看看蘇菲的名字和星號，星號表示蘇菲屬於榮譽學會的一員。

她告訴我，「我和我的丈夫都沒上過大學，蘇菲的老媽拿獎學金讀書，我們付了一部分學費，可是，現在，蘇菲就要去上長春藤盟校嘍！」我不想糾正她或多作解釋，她似乎很執著於長春藤聯盟。但蘇菲的學校是七姊妹之一，只是在過去等同於女子的長春藤聯盟。她為了這個目標，過去二十五年可都在為了供應伐木工早餐（Lumberjack breakfast）[63]而忙碌。

畢業典禮後，蘇菲邀請我到她爸媽的公寓。為了這個日子，她的母親訂了外燴，但外祖母堅持要做希臘的招牌菜請我和蘇菲的朋友吃。外祖母解釋：「菠菜鹹起司派！妳來找我的時候，一定要吃。」她慷慨邀請我日後隨時去她的餐廳廚房找她。

結果從畢業典禮之後，我再也沒見過蘇菲的外祖父母，他們住在紐約州的北部，我不知道他們如今是否仍在經營餐館，也不曉得他們是否繼續說著母語希臘語。蘇菲的媽媽不跟女兒講希臘語，但蘇菲準備夏天到希臘探親，希望到時能學到一些。蘇菲的母親積極社交，在雜誌和網站的社交圈照片現身。現在我知道她在紐約州北邊的希臘餐館學會了社交，而不是在我推測的波特小姐（Miss Porter’s）[64]那裡。她的地位是奮發努力的成果，而非繼承而來，所以她想替女兒好好守住。

---

[63] 譯注：分量非常大的早餐，通常包含煎蛋、火腿、培根、很多香腸和鬆餅。

[64] 譯注：此處是指Miss Porter’s School，成立於一八四三年的美國女子私立大學預備學校。

我和崔佛的父親，在崔佛離家上大學前的最後一次談話，我問他認為兒子到長春藤盟校後會有怎樣的表現，他只是說：「如果我撐得過，他也可以。」這個反應是唯一透露出這位父親以前在學校也曾飽受煎熬的過往跡象，說不定也有ADHD或學習問題。這點讓我對他不願讓兒子在測驗時有額外作答時間，且採取不妥協的剛硬手段養育崔佛，有了新的解讀。我用更溫和的眼光來衡量他，他接著語意不清的說，「我當年就讀的男子高中，並沒有讓我做好上大學的準備。」他也暗示著說，即便時時刻刻都非常緊繃，自己終究還是熬過來了，而他兒子也辦得到，也會因此而變得更優秀。

我跟這些家長共事的時間十分長久，足夠明白一件事：他們無法容忍孩子的失誤，並非因為孩子與他們不同，而是因為相同。監督崔佛起伏不定的學業生涯，這位父親等於重溫了自己的過往。這點我現在看清楚了。此時，我能用全然不同的眼光去看待崔佛在足球比賽輸了以後，他對崔佛大吼大叫的反應。我更能理解那種父子互動的方式，即便實情可能複雜得多。不過，對於崔佛會被送到覺得自己不如人的學校一事，我仍深深存疑。我並不清楚他是否知道父親付錢讓他得以錄取，我也不打算告訴他。

在那之後，崔佛的家人並未真正與我再多說些什麼，我發電子信件詢問他們崔佛的狀況，他們以輕快的語氣說他「過得很好」。我永遠拼湊不出他實際的狀況；事態一直模糊不明，但我從他在臉書貼出的照片得知，他加入兄弟會、常常參加派對狂歡。他準時畢業，我懷疑他透過家教撐過了一些經濟學和側重寫作的課程。

◆

再次見到崔佛是在他表親茱麗雅的葬禮上，他那時已是大學生。他們兩人關係頗為親近，會在家族小島共度時光。她離家上大學時充滿生機與樂趣。她高中時就已經有藥物問題，她的父母夏天會送她去加州上戒毒課程——課程非常奢華，她學校的老師出於黑色幽默，當時甚至玩笑說希望自己也有藥癮問題。那個課程似乎有效。不清楚的是，她的死亡是意外或蓄意。

按照我及她的老師觀察，她肯定是因為衝動問題、情緒憂鬱，覺得自己無法讓父母開心而掙扎不已。可是她看來也熱愛生命，是足球選手，出了名的慷慨大方、幽默、具感染力。她也許懷藏無人知曉的祕密，而且她不找固定約會對象，只找一夜情。她常常不先思考就行動，這點倒是真的。她高中二年級的時候，因為跟西班牙文老師大吵一場而被暫時停學。她事後表達悔悟，並與老師親近起來。她也曾經因為找家教操刀幫她寫報告而惹上麻煩——在我成為她的家教以前。

我到上東城參加喪禮時，人潮洶湧，幾乎無法進入教堂，只好站在外頭。每次只要有茱麗雅以前的老師現身，我的眼淚就會因為無聲的訊息——**真不敢相信我們會在這裡碰頭**——奪眶而出。她的朋友們從教堂湧出來，我無言擁抱每個認識的孩子。我們幾乎無言以對。崔佛態度嚴肅，戴著墨鏡，什麼都沒說。

喪禮過後，茱麗雅以前的老師聚集在教堂外頭，她的家人已經前往墓地。「她憂鬱嗎？」其中一人問我，「妳應該知道的。」

「我不知道。」我說。我也許被茱麗雅靈動的綠眸和暢快的笑聲給騙了。她的憤怒和魯莽暴露了她的感受，她動不動就跟老師、父母和朋友爭吵，對他們失去耐性。憤怒有時是更深沉的憂鬱跡象。

那位老師說：「有那樣的父親，一定很不好過。」茱麗雅的父親就是爵爺的兄弟，兩人都是家族財富的管理人。可是那並未解開這個謎團。

我從和第五大道孩子共事學到了一件事，就是他們表面的樣子跟實際的狀況，有時有著天壤之別。

茱麗雅永遠守住了自己的謎團，我會持續想起她，而且永遠得不到解答。我在這兩者之間搖擺不定——基於一整晚的派對加上處方止痛藥而判定她的死亡為意外，以及相信她飽受折磨，只是對外偽裝成輕鬆愉快的樣子。也有可能，這兩者都對，或者都不對。這些念頭在我心裡無限繞著迴圈，最後也沒有任何結果。

我依然納悶崔佛的事，他長大並承繼家族衣缽；雖然一派爽朗，還是追隨了父親的腳步。他住在下城區，跟上東城的父親拉開了點距離，但到目前為止，他的人生似乎沿著與父親相同的軌道前行。他如今在華爾街一家大銀行擔任分析師，工作時間很長。他依然跟那位讓我聯想到劍橋公爵夫人的女子交往。也從未到西部去生活。

崔佛偶爾會去西部探訪外祖父。他的外祖父從住宅區營建起步之後，在奧克拉荷馬州開發了一個城市。這位外祖父跟爵爺大不相同，是個自由的靈魂，目前正將營收大筆捐贈出去。

我希望，有一天崔佛可以去西部和外祖父共事，掛在崔佛房間的馬林魚標本就是外祖父送的。

對我共事的孩子來說，大學一般來說都很輕鬆。他們早已筋疲力竭，往往選擇輕鬆的主修——高中已經讀過的東西。我有個學生主修美國歷史，正因為他在高中三年級期間修的高壓AP歷史課裡已經完成了大約百分之八十五的閱讀功課。我不禁納悶，高中課程為何要求這麼高，學生還沒踏進校園，就已經完成了大半的大學課業。

我到哈佛就讀時，簡直目瞪口呆。我愛待在校園裡，愛極了去修那些有著複雜諷刺名稱的課程，像是「美洲神話」而不是「英文11」這種聽來就像公立高中部分課程的名稱。頭一年，我幾乎不知道大家在說什麼，因為我對大部分的預備學校（很多學生都來自那裡）並不熟，以為squash[65]（壁球）是某種無味的蔬菜，而不是競賽運動。我以前從未見過這麼多紐約人。我羨慕他們的無憂無慮，經常能到哈佛廣場外食（我預算有限）。我不知道什麼是印度菜。跟其他一年級生一起參加必上的抄襲（plagiarism）座談時，我以為如果無意間忘記重述改寫（paraphrase），上帝就會劈死我。大半的曲棍球賽我都去看了，因為我不知道還能做什麼。怪的是，恍如奇蹟，我在大學表現得非常好，不見得因為我有多聰明，而是因為我很飢渴。我會花很多時間，只為了一門歷史課而去釐清不同非洲國家的殖民歷史。我在第一次書寫作業得了C之後，雖然滿害怕助教，還是在她開放辦公室的時段硬著頭皮去找她。一切都令人興奮。我愛哈佛園（Havard Yard）裡的街燈光暈，一年級生居住的地方，他們認為那裡有種倫敦貝克街的氛圍。我在圖書館深處找到屬於自己的閱讀桌，我在那裡讀著《尤里西斯》（至少讀了一部分），然後對著《達洛威夫人》的字字句句驚嘆不已。我花整個週末跟一個朋友一起讀英國作家佛德．馬多克斯．福特（Ford Madox Ford）的作品，只有吃飯的時候才停下來。我以前沒交過跟我一樣享受連續閱讀四十八小時的朋友。我認識了見過戈巴契夫的學生，表示我距離那位改革策劃人只有一度分離（one degree of separation）[66]。

簡而言之，這一切對我來說，都是嶄新的，我還有不曾汲取的精力，感覺人生最棒的部分還在前方。我不敢相信自己竟然這麼好運，可以從麻州鄉間來到劍橋。這和來自紐約市的私立學校孩子們完全不同。

他們抵達大學校園時，已經讀過很多書，考過難度更高的試，見過了名人、也曾盡情狂歡，對世界早有過不少見識。對他們來說，這樣的見多識廣很容易變成厭世。但高峰時刻應該來得很稀有，才能好好品味。他們的心思早已被榨乾，而大學第一年等於是高中重現。他們做事拖拖拉拉，修著自己不覺得有趣的課，強迫自己進入經濟之類的主修，因為家長要他們走銀行業。他們常常曠課，有時期末考會被當掉。他們不是因為沒有準備而失敗，而是因為過度準備。他們受訓過量了，任何馬拉松跑者都會告訴你，那是個天大的錯誤。跑者必須替自己配速，孩子也是。

◆

我不再跟他們共事許久之後，以前的學生和他們的家人，會在出其不意的地方現

---

⑥⑤ 譯注：作者指的可能是夏南瓜（summer squash），也就是櫛瓜。

⑥⑥ 譯注：作者在此挪用六度分隔理論（Six Degrees of Separation），這個理論認為世界上任何互不相識的兩人，只需要很少的中間人就能建立起聯繫。

身。我離開紐約前，會在街道上看到他們，尤其在下城區離華爾街不遠的地方。有不少人跟父母一樣在銀行界工作。我在LinkedIn看著他們的介紹，發現我有許多男學生——以及不少女學生——都在大學主修經濟，目前在銀行或結合科技和金融的公司（fintech，即金融科技）擔任分析師。如果他們有更高的學歷，則是工商管理碩士（MBA）。有幾位走公司法。很少有人偏離傳統道路。

我有機會跟以前的學生一談時，發現他們對過去的記憶少之又少。他們自在地安頓在未來以及新的人生座標。雖然有些看來沒那麼不同，但他們的走路姿態改變了，已經拋開大半的不自在。他們尚未有年紀增長後那種回顧過去的慾望，也還沒跟自己過往的經歷拉開距離。大學一結束就回到城裡，他們並未讓自己跟紐約隔開距離。在這裡，他們覺得最自在。

「我怕死松鼠了。」有個學生跟我說起在佛蒙特度過的時光。他夜裡在市中心步行，那裡的犯罪率是城裡最高的。

他們過起跟父母同樣的生活，或者說過起父母三十年前的生活。時髦區域已經轉移到下城區和布魯克林，我看到他們在鄧波區的街道上或正要前往王冠高地。他們在仕紳化的鄰里安頓下來，那些鄰里正往上東城、上西城，及他們年少時期住過的鄰里急起直追，就是你去上瑜伽課前能喝到高價濃郁抹茶的地方。那些二十幾歲的青年和他們在校認識的人重新連結；在面談工作、上研究所、送孩子去私立學校時，和以前同校友人的生活彼此交錯、再交錯。

不像大部分進入商界或法律界的人，蘇菲夢想成為演員。她有時像個難解的謎。她似乎擁有這樣的技藝，也有絕佳的記憶力，可以回想台詞，如同以前將基輔羅斯國的資訊塞進腦袋。她有個朋友非常成功，成了模特兒和演員，我看到她的臉在紐澤西公路的告示板上盯著我，她美麗的眼眸，雖然沒有眼鏡，但就像《大亨小傳》裡的艾柯爾堡醫生之眼[67]，閃閃發亮。

莉莉成了自信滿滿、一身黑裝的藝術愛好者，她在大都會博物館實習。她和麗莎會在畫廊和博物館的社交活動上留影。莉莉從來不曾停止渴望新洋裝，但現在的穿搭則成熟老練。她戴著黑色粗框眼鏡，將頭髮紮成刻意凌亂的馬尾。她以前有點嬰兒肥，現在就跟母親一樣削瘦，彷彿貧血。她暫時住在家裡，因為她父母的公寓距離「博物館大道」（Musuem Mile）[68]很近。她打算在博物館或藝術畫廊當策展人。她時時刻刻都在縫紉，重新將衣服再製成自己想要的樣子。她可以隨時拿一件衣物便從車縫處拆解開來。

[67] 編注：「艾柯爾堡醫生之眼」在《大亨小傳》中別有喻意，出現在眼科醫生的廣告看板上，臉上戴著一付眼鏡。
[68] 譯注：位於中央公園東側的第五大道，介於八二街和一〇五街之間，沿途分布著城裡最頂尖的幾家博物館和藝術機構。

她有能力雕琢自己的衣服以及現實生活，使這些至少能開始符合她內在擘劃的願景。

我在學校教過、家教過或只是認識的其他學生，會在小報的社交圈版面出現。其中一位正在跟知名演員交往，後來結束。班恩曾經是第五大道最熱門的黃金單身漢，後來從社交圈銷聲匿跡，不過他的母親依然虔誠地出席社交活動。就我看來，班恩似乎沒有任何類型的工作，我忖度著他的家族遺產是否順利到手。我以前共事的家長們，有些在梅根和哈利王子的婚禮以座上佳賓的身分出席。我在電視上看到她們，覺得頂著頭飾更顯老態。部分的我，希望我的學生成為更自由的靈魂，而在我較不慈悲的時刻，希望那些後來寫作能力變得很好的學生們不要全部都去華爾街工作。我夢想去參加以前學生的新書發表會，可是到目前為止，未曾發生過。

在市區家教與教書將近十五年之後，我知道我的學生和他們的故事，永遠會是我的一部分，但我覺得該要跟丈夫和我青少年期的兒子離開紐約了。我的個性頑強，慣於為了自己想要的而發動漫長的征戰，但這個城市終於擊敗了我。這座城會讓我半夜醒來，不是因為警報或震耳的音樂——長久以來我早已習慣聽而不聞——而是因為焦慮。我的腎上腺都操到故障了。

這個城市也扭曲了我的感知，讓我在家教的人們身邊（除了義務家教的那些學生）自覺貧窮。我知道自己已經過得相當優渥，但我的整個世界觀已有了偏差。我兒子的感官系統在城市裡也已超載，尤其當我們住在灰燼之谷裡，就在拉瓜迪亞機場的飛行路線上。搬去更安靜的地方，對我們都有好處。打包時，我將學生寫的每份感謝函仔細收進小盒子裡，小盒子就放在我五斗櫃放置襪子的抽屜。我有時候會把信件拿出來複習。

在離開紐約市前往麻州的路上，開車行經一個公車站，路過戴著Beats耳機的女生，她正攤開一本陳舊的《大亨小傳》。我納悶她讀到這本書的哪個部分，是不是已經穿過灰燼之谷，或是看到了蓋茲比的床上那堆塌倒的亞麻襯衫。

我不像書末的尼克；他懂得蓋茲比。我只是在蓋茲比的孩子身邊學習。他們依然在教導我，我尚未完全理解的事情。

# 致謝

如果沒有多年來一起合作的幾百位學生、老師、家長，這本書——以及我——將會無足輕重。學習和教學是一種難以預測、偶爾啟迪人心的循環歷程，為我帶來了深層的感激時刻。在一些罕有的時刻裡，我知道自己觸動了某個孩子的心，還有更多時刻，我只是盡情享受這趟充滿幽默的旅程。我想起一位我所認識最棒的老師，對著全班說：「那就是我們這麼愛你們這些學生的原因——我們可以接觸到你們這些青春能量。」教書的人都能接受到某種往上提升、永不厭倦的精神。有時候，我們比學生還幸運許多，畢竟他們無法選擇是否留在教室裡。我希望不管是我過去、現在或未來的學生，都知道我有多麼感激，有機會向新世代學習，像是抖音（TikTok）跟其他一切。我真的會把你們寫給我的信收在放襪子的抽屜櫃裡。對那些經年來合作過的老師，我們攜手試圖帶領孩子熬過少年時期的種種煩憂，我很享受你們對於學習的興奮，以及你們的溫暖陪伴。

感謝我在Dystel, Goderich & Bourret的經紀人，冰雪聰明、耐性十足的傑西卡．派賓（Jessica Papin），她一路守護著這份提案，歷經多次草稿。也要感謝Hanover Square

Press同樣卓越的編輯團隊彼得・約瑟夫（Peter Joseph）和葛蕾絲・陶威利（Grace Towery）。我跟彼得頭一次見面談話便知道，跟他共事起來會很愉快，他邏輯清晰的腦袋和對文學典故的知識，令人心生敬畏。葛蕾絲是一位才華洋溢的語言專才和編輯，她的鼓勵對我而言意義重大。了不起的審稿人凡妮莎・威爾斯（Vanessa Wells），謝謝她揪出我每個有誤的引據和用法。

寫這本書的同時，我花了很多時間細思自己的童年，我真心覺得幸運，能在葛羅斯伯格家裡成長——爸、媽、兄弟喬許（Josh）。我們會花時間做蠢事，像是繞圈跳舞、「Aingeing」（這是專屬我和家人的密語）、企圖了解愛沙尼亞語，這就是我人生的根基。我很高興我在七〇年代成長，養成了某種新英格蘭式的黑色幽默。我現在的家人泰迪（Teddy）和約翰（John）同樣奇特與可愛。要是沒有你們，我就沒什麼足以書寫或歡慶的。

# 參考資料


## Chapter 1

**關於電子菸的資訊：**

www.nih.gov/news-events/news-releases/teens-using-vaping-devices-record-numbers.

## Chapter 2

**沙茲和薩克曼的研究：**

https://review.chicagobooth.edu/economics/2017/article/never-mind-1-percent-lets-talk-about-001-percent.

**前百分之一的人住在哪裡：**

www.citylab.com/life/2011/10/where-one-percent-live/393/ and www.cnbc.com/2018/08/08/where-the-highest-earners-in- america-live.html.

**富裕者與大家族的關聯：**

https://qz.com/1125805/the-reason-the-richest-women-in-the-us-are-the-ones-having-the-most-kids.

**誰在就讀私立學校：**

www.gse.harvard.edu/news/18/10/harvard-edcast-who-goes-private-school.

Murnane, Richard, Sean Reardon, Preeya Mbekeani, and Anne Lamb. "Who Goes to Private Schools." *Education Next 18:4 (Autumn 2018)*: 59–66.

**富人孩子的課後活動：**

Gilbert S. "For Some Children, It's an After-school Pressure Cooker." *New York Times*. August 3, 1999 :F7.

**孩童的社會流動性：**

https://fivethirtyeight.com/features/rich-kids-stay-rich-poor-kids-stay-poor.

**Chapter 3**

**表揚孩子與成長心態的討論：**

www.theatlantic.com/education/archive/2016/12/how-praise-became-a-consolation-prize/510845.

**孩童的過度放縱問題：**

Bredehoft, D. J., S. A. Mennicke, A. M. Potter, and J. I. Clarke, 1998. "Perceptions Attributed by Adults to Parental Overindulgence during Childhood." *Journal of Family and Consumer Sciences Education, 16(2)*, 3-17.

**Chapter 4**

**桑尼雅・路瑟的研究：**

Interview with Suniya Luthar, 9/14/2019.

**富人孩子的價值觀：**

Suniya S. Luthar, Phillip J. Small, Lucia Ciciolla. Adolescents from upper middle class communities: Substance misuse and addiction across early adulthood. *Development and Psychopathology, 2017*; 1 DOI: 10.1017/S0954579417000645.

**Chapter 5**

**克林頓・特勞布里吉和格羅頓學校：**

Trowbridge, Clinton. *Grotties Don't Kiss.* Vineyard Press, 2002.

**Chapter 6**

**運動員的飲食失調：**

Williams, Gemma, 2016. "Binge Eating and Binge Eating Disorder in Athletes: A Review of Theory and Evidence." http://thesportjournal.org/article/binge-eating-and-binge-eating-disorder-in- athletes-a-review-of-theory-and-evidence.

**保羅・皮福與同事的研究：**

Piff, Paul K., Daniel M. Stancato, Stéphane Côté, Rodolfo Mendoza-Denton, and Dacher Keltner. "Higher Social Class Predicts Increased Unethical Behavior." *Proceedings of the National Academy of Sciences, March 2012, 109(11)*, 4086–4091; DOI:10.1073/ pnas.1118373109.

www.businessinsider.com/rich-people-more-likely-to-steal-cheat-lie-2018-8.

Piff, Paul K., M. W. Kraus, S. Côté, B. H. Cheng, and D. Kelt ner, 2010. "Having Less, Giving More: The Inf luence of Social Class on Prosocial Behavior." *Journal of Personality and Social Psychology,* 99(5), 771–784.

**Chapter 8**

**SAT 預期價值：**

Culpepper, Steven, and Charles Pierce, 2016. "Differential Prediction Generalization in College Admissions Testing." *Journal of Educational Psychology.* https://doi.org/10.1037/edu0000104.

**Chapter 9**

**大學生的心理健康：**

Eisenberg, Daniel, Ezra Golberstein, and Justin Hunt, 2009. "Mental Health and Academic Success in College." *The B.E. Journal of Economic Analysis & Policy. 9 (1)*: Article 40.

**躁鬱症研究：**

Papolos, D., and J. Papolos, 1999. *The Bipolar Child.* New York, NY: Broadway Books.

**蘇妮雅・路瑟和羅伯特・伍德・強森基金會：**

https://psychcentral.com/news/2018/10/29/parent-child-bond-tied-to-mental-health-of-teens-in-high-achieving-schools/139911.html.

Interview with Suniya Luthar, 9/14/2019.

**巡遊隊統計數據：**

Gregory, Sean. "How Sports Became a $15 Billion Industry." *Time*, August 24, 2017.

**威爾頓相關資訊：**

www.npr.org/sections/health-shots/2018/06/11/616900580/back-off-how-to-get-out-of-the-high-pressure-parenting-trap.

**富人孩子的研究：**

Kindlon, D., 2001. *Too Much of a Good Thing: Raising Children in an Indulgent Age.* New York, N.Y.: Hyperion.

Levine, M., 2006. *The Price of Privilege: How Parental Pressure and Material Advantage Are Creating a Generation of Disconnected and Unhappy Kids.* New York, N.Y.: HarperCollins.

Twenge, J. M., 2006. *Generation Me: Why Today's Young Americans Are More Confident, Assertive, Entitled and More Miserable Than Ever Before.* New York, N.Y.: Free Press.

國家圖書館出版品預行編目（CIP）資料

上流教養：當紐約豪門家教遇上第五大道的佛洛伊德／布萊絲・葛羅斯伯格（Blythe Grossberg）著；謝靜雯譯 . -- 新北市：遠足文化事業股份有限公司／潮浪文化，2023.01
272　面；14.8×21　公分
譯自：I left my homework in the Hamptons : what I learned teaching the children of the one percent
ISBN 978-626-96327-8-7（平裝）
1.CST：格羅斯伯格（Grossberg, Blythe, 1971-）　2.CST：補習教育　3.CST：菁英教育

528.47　　111018183

現場 Come 003

# 上流教養

## 當紐約豪門家教遇上第五大道的佛洛伊德

I Left My Homework in the Hamptons:
What I Learned Teaching the Children of the One Percent

| | |
|---|---|
| 作者 | 布萊絲・葛羅斯伯格（Blythe Grossberg） |
| 譯者 | 謝靜雯 |
| 責任編輯 | 楊雅惠 |
| 校對 | 吳如惠、楊雅惠 |
| 總編輯 | 楊雅惠 |
| 出版 | 潮浪文化／遠足文化事業股份有限公司 |
| 發行 | 遠足文化事業股份有限公司（讀書共和國出版集團） |
| 電子信箱 | wavesbooks.service@gmail.com |
| 社群平台 | linktr.ee/wavespress |
| 地址 | 23141 新北市新店區民權路 108-3 號 6 樓 |
| 電話 | 02-22181417 |
| 傳真 | 02-86672166 |
| 法律顧問 | 華洋法律事務所 蘇文生律師 |
| 排版印刷 | 中原造像股份有限公司 |
| 初版一刷 | 2023 年 1 月 |
| 初版五刷 | 2024 年 3 月 |
| 定價 | 420 元 |
| ISBN | 978-626-96327-8-7（平裝）、9786269632794（PDF）、9786269697304（EPUB） |